中国历史纲要

侯宝玲　主编

 中国社会出版社

国家一级出版社·全国百佳图书出版单位

图书在版编目（CIP）数据

中国历史纲要 / 侯宝玲主编. -- 北京：中国社会
出版社, 2023.2
ISBN 978-7-5087-6799-4

Ⅰ. ①中… Ⅱ. ①侯… Ⅲ. ①中国历史－古代史
Ⅳ. ①K22

中国版本图书馆CIP数据核字 (2022) 第121880号

出 版 人：浦善新		终 审 人：王　前	
责任编辑：张明林		策划编辑：刘宏国	
责任校对：张翠萍		封面设计：李　宁	

出版发行：中国社会出版社　　　　　　　地　　　址：北京市西城区二龙路甲 33 号
邮　　编：100032　　　　　　　　　　　编 辑 部：（010）58124837
网　　址：shcbs.mca.gov.cn　　　　　　发 行 部：（010）58124865
经　　销：新华书店

印刷装订：三河市明华印务有限公司　　　开　　本：787mm×1092mm　　1/16
印　　张：9.5　　　　　　　　　　　　　字　　数：200 千字
印　　次：2023年2月第1版　　　　　　　印　　次：2023年2月第1次印刷
定　　价：48.00元

中国社会出版社微信公众号　　　　　　　中国社会出版社天猫旗舰店

目　录

第一部分　远古至南北朝时期

第二部分　隋至清朝中期(鸦片战争之前)

第一部分
远古至南北朝时期

第一单元
中国境内人类的活动

体系构建

史前时期：中国境内人类的活动
- 中国早期人类的代表——北京人
  - 元谋人
    - 地点：距今约 170 万年，云南元谋县
    - 地位：我国境内目前已确认的最早的古人类
  - 北京人
    - 时间、地点：距今约 70 万—20 万年，北京西南周口店
    - 体质特征：直立行走
    - 工具：打制石器（旧石器时代）
    - 生产生活：猎取动物，从事采集，学会用火，保存火种
    - 意义：为人类起源的研究提供了可靠的证据
  - 山顶洞人
    - 时间、地点：距今约 3 万年，周口店龙骨山顶部洞穴
    - 模样：和现代人基本相同
    - 工具：使用打制石器，掌握磨光和钻孔技术
    - 生产生活：懂得人工取火，以采集、狩猎为主，集体生活
- 原始的农耕生活
  - 原始农业的发展
    - 稻、粟、黍的人工栽培
    - 标志：农作物种植、家畜饲养的出现及聚落、磨制工具的发展
  - 河姆渡人的生活
    - 生活年代：距今约 7000 年
    - 生活地点：浙江余姚河姆渡
    - 生产生活
      - 干栏式房屋
      - 木结构水井
      - 主要种植水稻，饲养猪、狗、水牛等家畜
      - 会制作陶器、玉器，会雕刻
  - 半坡居民的生活
    - 生活年代：距今约 6000 年
    - 发现地点：陕西西安半坡村
    - 生产生活
      - 半地穴式圆形房屋
      - 使用磨制石器
      - 主要种植粟，饲养猪、狗等家畜
      - 会制作陶器、纺织、制衣
- 远古的传说
  - 炎黄联盟
    - 阪泉之战、涿鹿之战
    - 海内外的华人以"炎黄子孙"自称
  - 传说中炎帝和黄帝的发明
  - 尧舜禹的禅让
    - 禅让制：将部落首领位子传给贤德之人
    - 大禹治水

第1课 中国早期人类的代表——北京人

要点阐释

一、我国境内的早期人类

1. 我国是世界上发现古人类遗址最多的国家之一。

考古学者在云南、北京、重庆、陕西、山西、湖北、辽宁、河北、安徽、江苏、山东、四川、广东等地发现了多处不同时期的古人类遗址。

2. 元谋人。

（1）发现地点：云南省元谋县（长江流域）。

（2）发现遗迹：两颗门齿化石、一些粗糙的石器、炭屑和烧骨。

（3）时间：距今约170万年。

（4）地位：元谋人是我国境内目前已确认的最早的古人类。

（5）生产生活状况：会制造工具（打制粗糙石器），知道用火（天然火）。

3. 通过对元谋人遗存的研究可以得出的结论。

发现牙齿——距今约170万年。

发现石器——会制造、使用工具。

发现炭屑——知道用火。

4. 点拨：化石是研究远古人类历史的重要证据。

5. 人与动物的根本区别：会不会制造工具。

二、北京人的发现

1. 发现地点：北京西南周口店（海河流域）。

2. 发掘情况及遗迹。

（1）周口店北京人遗址最先于1921年被发现。后来人类学家根据在遗址中发现的3枚牙齿，将其命名为"中国猿人北京种"，俗称"北京直立人"或"北京人"。

（2）1929年，中国青年学者裴文中发现第一个北京猿人头盖骨，同年又发现用火遗迹。

（3）1936年，在同一地点发掘出土3个北京猿人头盖骨。此后，这一遗址进行了多次发掘，共出土40多个个体的直立人化石，以及近10万件石器和大量的动物化石。

3. 距今时间：距今约70万—20万年。

三、北京人的特征

1. 体貌特征：北京人的头骨，前额低平，眉骨粗大，颧骨突出，鼻骨扁平，嘴部前伸，脑容量比现代人小。他们的身高平均为157厘米，上肢与现代人相似，能够直立行走。保留着猿的体质特征。

2. 生产生活状况：会打制石器；过着群居生活；会使用天然火，并会保存火种；以采集和狩猎为主。

3. 生活环境：北京人生存的地区有大片森林和水域，气候温暖湿润，有动物出没，如梅花鹿、野马等，也有丰美的水草。

4. 制作和使用工具：北京人用石块、兽骨、鹿角等制作工具，采用不同的打制方法，制作成不同类型的工具，如尖状器、刮削器、石锤和石砧等。北京人使用这些工具猎取动物，采集植物果实。

5. 旧石器时代：使用这种打制石器的时代，叫作旧石器时代。

6. 火的使用。

（1）概况：北京人已经学会使用火，还会长时间保存火种。

（2）用途：烧烤食物、防寒、照明、驱兽。

（3）意义：火的使用，增强了人们适应自然的能力，改善了生存条件，学会用火是人类进化史上的里程碑。

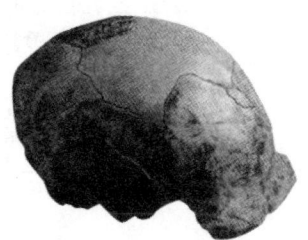
北京人头盖骨化石

北京人复原头像

7. 北京人遗址的意义。

（1）北京人是世界上最重要的原始人类之一，这一发现对于研究古人类进化的历史具有重要的意义。

（2）周口店北京人遗址是迄今所知世界上内涵最丰富、材料最齐全的直立人遗址。

（3）通过对北京人的研究，可以发现早期猿人向现代人类演进和发展变化的规律，为人类起源的研究提供了可靠的证据。

8. 山顶洞人。

（1）发现地点：北京西南周口店龙骨山顶部（海河流域）。

（2）距今时间：距今约3万年。

（3）体质形态：山顶洞人的脑容量及头骨形态与现代人类接近。

（4）生产生活状况：会打制石器，且已掌握磨光和钻孔技术；已会人工取火，以采集、渔猎为生；使用骨针缝制衣服，有装饰品，已经有了审美观念。

1. 北京人为什么要过群居的生活？

当时周口店一带，森林茂密，野草丛生，野兽出没。凭着极原始的工具同大自然作艰苦斗争的北京人，在这样险恶的环境里，只靠单个人的力量，无法生存下去。因此，他们往往几十个人在一起，共同劳动，共同分享劳动果实，过着群居生活。

2. 火的使用有何重大意义（学会用火为什么是人类进化史上的里程碑）？

原始人用火防寒，可以不受气候的限制，在严寒的冬季或寒冷地带也能生存；使用火可以驱赶野兽，增强原始人的自卫能力；用火烧烤食物，增强了原始人的体质；火能照明，改善了居住条件。火的使用，是人类进化过程中的一大进步，使人类适应自然的能力得到提高。

3. 元谋人、北京人和山顶洞人比较。

古人类	距今时间	生活地点	体形特征	工具、生产、生活	生产活动	社会组织	观念
元谋人	约170万年	云南省元谋县	有较多猿的特征	会制造工具、知道用火			
北京人	70万—20万年	北京西南周口店	保留了猿的某些特征	打制石器、会使用火	采集、狩猎	群居、原始人群	
山顶洞人	约3万年	周口店龙骨山山顶洞穴	与现代人基本相似	磨制石器、人工取火、掌握磨光和钻孔技术	采集、渔猎	氏族	懂得爱美

4. 原始社会的产生。

原始社会是人类社会发展的第一阶段，到目前为止，还没有发现世界上有哪个民族没有经历过原始社会。人类出现，原始社会也就产生了。

原始社会经历了原始人群和氏族公社两个时期。元谋人是已知的中国境内最早的人类。北京人是原始人群时期的典型。山顶洞人已经过着氏族公社的生活。

5. 什么是氏族。

原始社会中以相同的血缘关系结合的人类社会群体，其成员出自一个共同的祖先。大约产生于旧石器时代中晚期。他们往往用一种动物或植物作为本氏族的图腾标记。在氏族中，婚姻有一定的规定，禁止长辈与晚辈之间的通婚，也排斥兄弟姐妹之间的婚配，甚至禁止与母方最远的旁系亲属婚配。氏族成员的地位平等，集体劳动，平均分配，财产共享。公共事务由氏族首领管理，重大事务由氏族成员组成的氏族会议决定。氏族社会先后经过母系氏族社会、父系氏族社会，大约在铜石并用时代由于私有制的发展而解体。

6. 历史年代、历史时间的计算方法。

（1）历史年代的计算方法。

公元纪年以传说中的基督教创始人耶稣诞生的那一年为标志开始纪年，把这一年定为公元元年。公元元年相当于我国西汉平帝元始元年。发生在这一年前的事，由这一年向前推算，称为公元前某某年。发生在这一年后的事，由这一年向后推算，称为公元某某年，或直接说某某年。

（2）世纪、年代的计算方法。

在公元纪年中，每 10 年称为一个"年代"，每百年称为一个"世纪"。习惯上每个世纪头 20 年叫某世纪初，最后 10 年称某世纪末。

①世纪的计算方法。将已知年份与 100 相加，然后去掉后面两位数字，就是已知年份所处的世纪。但要注意的是："年份"是公元前，世纪也是公元前；"年份"是公元，"世纪"也是公元。例如，公元前 1046 年所处世纪的计算方法是：1046 + 100 = 1146，去掉 1146 后面两位数字，得公元前 1046 年在公元前 11 世纪；公元 2008 年所处世纪的计算方法是：2008 + 100 = 2108，去掉后面两位数字，得公元 2008 年在公元 21 世纪。

②年代的计算方法。看已知年代的十位上的数字。例如，新中国成立于 1949 年，1949 年是 20 世纪什么年代？1949 十位上的数是 4，即 1949 年是 20 世纪 40 年代。同理，商鞅变法开始于公元前 356 年，公元前 356 年是公元前 4 世纪什么年代？356 十位上的数是 5，即公元前 356 年是公元前 4 世纪 50 年代。但要注意的是，如果十位上的数是 0 或 1，则按习惯通常称为公元某世纪初或公元前某世纪末。例如，2000 年到 2019 年各年的十位上的数字为 0 和 1，于是 2000 年至 2019 年这 20 年就称为公元 21 世纪初；相反，公元前 2019 年到公元前 2000 年，各年十位上的数字为 1 和 0，于是公元前 2019 年到公元前 2000 年，这 20 年就是公元前 21 世纪的最后 20 年。而最后 10 年，即公元前 2009 年到公元前 2000 年，这 10 年就称为公元前 21 世纪末。

（3）历史时间差计算的方法。

①同属公元前或公元的两个时间差的计算方法。用大数减去小数。如秦朝在公元前 221 年建立，公元前 206 年灭亡，这个王朝统治了多少年？221 - 206 = 15 年，即秦王朝统治了 15 年。中华人民共和国 1949 年成立，那么 2010 年是中华人民共和国成立多少周年？2010 - 1949 = 61 年，即 2010 年是中华人民共和国成立 61 周年。

②公元前、后的两个时间差的计算方法。两数的和减去 1。问西汉王朝统治了多少年？由 202 + 9 - 1 = 210 年，得出西汉王朝统治了 210 年。

（4）朝代纪年与公元纪年的换算方法。

①公元前朝代纪年换算为公元纪年的方法。

公式为：朝代纪年元年 - 朝代纪年 + 1 = 公元纪年。例如，周共和十四年周厉王去世。问这一年是公元前哪一年？因周共和元年是公元前 841 年，于是 841 - 14 + 1 = 828，所以，周共和十四年是公元前 828 年。

②公元后朝代纪年换算为公元纪年的方法。

公式为：朝代纪年元年 + 朝代纪年 - 1 = 公元纪年。例如，明朝 1368 年建立，这一年史称为洪武元年。问明洪武十八年是公元哪一年？于是 1368 + 18 - 1 = 1385，所以，明洪武十八年是公元 1385 年。

一、问题思考

化石是怎么形成的？对于我们研究早期人类有什么作用？

化石的形成：生物死亡以后，埋在泥沙里，伴随时间的推移，动物、植物尸体就会随着泥沙的沉积慢慢被埋在地层的深处。在极少数特殊的环境下，那里压力大、温度高，沉积的泥沙慢慢变成岩石。生物的坚硬部分，如骨骼也伴随泥沙慢慢变为像岩石一样坚硬，生物的柔软部分，也会在地层中留有印迹，这种伴随地层而形成的石头，就叫作化石。

作用：化石是研究远古人类历史的重要证据。

二、课后活动

1. 古猿、北京人和现代人的头骨，看看它们的区别在哪里？

前额：古猿前额低平向后倾斜，北京人前额低平，现代人前额平滑。

眉脊骨：古猿粗壮，北京人较粗壮，现代人薄平。

颧骨：古猿高突，北京人较为突出，现代人平滑。

嘴部：古猿前伸，北京人微缩，现代人平整。

下颏：古猿无下颏，北京人无明显下颏，现代人下颏明显。

古猿脑容量最小，北京人次之，现代人最大；大猩猩头部血管细小且稀疏，北京人次之，现代人血管粗且密。

2. 想一想：北京人制作打制石器都有什么用途？

用来砍伐木材、刮削木棒、割削兽皮、分割食物等。

第2课　原始的农耕生活

要点阐释

一、原始农业的发展

1. 时间。

（1）水稻：在中国南方的一些早期遗址中，发现了最早的人工栽培稻。

（2）粟：黄河流域是栽培粟的最早起源地，目前发现最早的栽培粟类遗存距今约9000—7000年。

2. 兴起地区：中国黄河、长江和淮河等流域。

3. 发展变化：由最初的"刀耕火种"，发展到用耒耜等翻土工具进行耕种。

4. 兴起和发展的重要标志：农作物种植、家畜饲养的出现以及聚落、磨制工具的发现，是原始农业兴起和发展的重要标志。

5. 兴起和发展的意义：原始农业为古代文明社会的形成奠定了重要的物质基础。

二、河姆渡人的生活（南方长江流域的代表）

1. 地点：浙江余姚（南方长江流域）。

2. 时间：距今约7000年。（据最新专家表述为9000年，故此存疑）

3. 居住房屋：干栏式建筑。

以木桩插于地下，上面用木板等拼接而成，这是中国最早的木构建筑。在河姆渡遗址还发现了木结构水井，这是迄今发现年代最早的木结构水井。

河姆渡人的干栏式建筑复原图

4. 农作物：种植水稻（河姆渡遗址中发现了大量人工栽培水稻的遗迹，表明长江中下游是亚洲稻的起源地之一）。

5. 生产工具：使用磨制石器，农业工具以骨耜最为典型。

6. 原始饲养业：家畜以猪、狗和水牛为主。

7. 原始手工业：河姆渡人会制作陶器和玉器，还有简单的乐器骨哨；还会用雕刻等技术，用象牙和兽骨制成古朴的艺术品。河姆渡遗址中出土了中国最早的象牙雕刻。河姆渡人还懂得使用天然漆。

三、半坡居民的生活

1. 地点：陕西西安东部半坡村一带（北方黄河流域）。

2. 时间：距今约6000年。

3. 居住房屋：定居，住半地穴式圆形房屋，屋内有灶炕，多用木头做柱子。

4. 生产工具：半坡人制作磨制石器，例如石刀，还制造骨器、角器等生产工具。

5. 农作物：种植粟，我国是世界上最早培植粟的国家。
（粟，北方通称谷子，去壳后叫小米）

6. 原始畜牧业：饲养猪、狗等家畜；会打猎捕鱼，有时也采集野果，作为食物的补充。

7. 原始手工业：生活用具主要是陶器，最具特色的是彩陶（半坡人面鱼纹彩陶），半坡人还有很多装饰品，并有少量乐器（陶埙）。遗址中还出土了骨针、骨锥、陶制和石制的纺轮，可见半坡人已经会从事简单的纺织、制衣。

半坡居民半地穴式圆形
房屋复原图

8. 新石器时代：使用磨制石器的时代，成为新石器时代。

1. 半坡人与河姆渡人的生产、生活有何异同？

（1）相同点：①两者都处于大致相同的发展阶段，属母系氏族阶段；②都是以农业生产为主要经济形态，兼有饲养、渔猎、采集等经济活动；③都会建筑房屋，过着定居生活；④都会制作、使用磨制石器和陶器。

（2）不同点：①地理环境不同；②建筑房屋的特点不同；③农作物不同；④陶器制作的风格不同。

2. 河姆渡遗址与半坡遗址比较。

遗址名称		河姆渡遗址	半坡遗址
距今时间		7000 年（最新专家考证为 9000 年）	6000 年
发现地点		浙江余姚	陕西西安
历史地位		长江流域（南方）	黄河流域（北方）
原始农业	农作物	水稻（水田）	
	农具	磨制石器、耒耜	磨制石器（石刀）、骨器、角器、鱼叉
原始饲养业		猪、狗、水牛	猪、狗
原始手工业		陶器、玉器、乐器	彩陶、纺线、织布、制衣
建筑形式		干栏式房屋	半地穴式房屋
社会生活组织		（母系）氏族	（母系）氏族
相同点		都从事原始农业和畜牧业，应用纺织技术，使用磨制石器和陶器，会建筑房屋，过定居生活，出现艺术的萌芽	

3. 河姆渡原始居民住干栏式房屋、半坡原始居民住半地穴式房屋的原因及启示。

原因：是由不同的地理环境和自然条件决定的。河姆渡人生活在长江流域，因为南方地区潮湿闷热，居住干栏式房屋既能通风防潮，又可防蛇虫之害。半坡人生活在黄河流域，气候干旱寒冷，风沙大，居住半地穴式房屋，既可以抵风挡雨，又可以保暖。

启示：不同的地理环境和自然条件决定了不同的居住建筑方式。当时的人们已经能够与自然协调发展，已经能够适应自然环境。人类的生产生活必须要顺应大自然的规律，做到因地制宜，科学合理。

4. 半坡人与河姆渡人的生产、生活有何异同？

不同点	地理位置不同：半坡人处于黄河流域，河姆渡人处于长江流域	
	种植的农作物不同：半坡人种植粟，河姆渡人种植水稻	
	建造的房屋不同：半坡人住半地穴式圆形房屋，河姆渡人住干栏式房屋	
	制作的陶器艺术风格不同	
相同点	都处于母系氏族社会的繁荣时期（都处于原始社会后期）；原始农业和原始畜牧业发展；都会建造房屋，过定居生活；都使用磨制石器；都会制造陶器	
影响	农耕文明的发展导致剩余产品的出现，进而出现了贫富分化和私有制，最终促使国家出现。从原始社会到阶级社会，这是历史发展的巨大进步	

因此，我们常认为，半坡聚落反映了北方半干旱地区农耕文明的特点，是黄河流域母系氏族文化的代表；河姆渡聚落反映了南方湿润地区农耕文明的特点，是长江流域母系氏族文化的代表。

阅读思考

一、问题思考

河姆渡人与半坡人在生活上有什么不同？

1. 处于不同的自然地理环境，河姆渡人在长江流域，半坡人在黄河流域。

2. 两者的房屋建筑样式不同，河姆渡人是干栏式房屋，半坡人是半地穴式圆形房屋。

3. 种植的主要作物不同，河姆渡人种植水稻，半坡人种植粟。

4. 河姆渡人会挖井，半坡人会使用弓箭。

5. 他们制造的陶器艺术风格也不同。半坡人能够制造出色彩艳丽的彩陶，并装饰上美丽的花纹，河姆渡人可以制造简单的玉器和乐器。

二、课后活动

1. 下列哪些现象是原始农业出现的重要标志？请在□内打√。

☑农作物的出现；☑家畜饲养；☑聚落；☑磨制工具；□城市的出现。

2. 河姆渡遗址出土的骨耜是用于什么劳动的？如果让你来使用骨耜，应在上面添加什么？

河姆渡遗址出土的骨耜主要用于挖土。既可以减轻劳动强度，又能提高劳动效率。如果我们使用骨耜，要在骨耜上加一把木柄。使用时，手持骨耜上的木柄，用脚踏插入横孔的木棍，推耜入土，然后手腕一翻，就能掀起土来。

第 3 课　远古的传说

要点阐释

一、炎黄联盟

1. 关于人类起源的神话和传说："盘古开天""女娲补天""后羿射日"等，黄帝、炎帝是最为著名的传说人物。

2. 时间：距今约五六千年，中国进入部落联盟。

3. 基本情况：炎帝和黄帝是我国古老传说中黄河流域的部落首领。他们和东方的蚩尤是当时杰出的三位部落首领。

4. 阪泉之战：黄帝联合一些部落，在阪泉与炎帝展开一场大规模战争，最后炎帝失败，归顺黄帝，两大部落结成联盟（炎黄联盟）。

5. 炎黄战蚩尤：战役名为涿鹿之战。黄帝部落联合炎帝部落，在涿鹿一战中大败蚩尤。黄帝被推选为部落联盟首领。

6. 炎黄联盟的影响：炎黄部落联盟以后逐渐形成华夏族，因此后人尊崇炎帝和黄帝为中华民族的人文始祖，海内外的华人也以"炎黄子孙"自称。

7. 部落和部落联盟：在原始社会中，许多近亲的氏族组成部落，若干部落又组成部落联盟。

二、传说中炎帝和黄帝的发明

1. 炎帝贡献：炎帝的部落主要活动在陕西渭河流域。传说炎帝教人们开垦耕种，制作生产工具，种植五谷和蔬菜；制作陶器，发明纺织，学会煮盐。教人们通商交换；制作乐器琴瑟，并具有最早的天文和历法知识。

2. 黄帝贡献：黄帝，姓公孙，名轩辕。相传，黄帝建造宫室以避寒暑，制作衣裳，挖掘水井，制造船只，会炼铜，并发明弓箭和指南车，为后世的衣食住行奠定了基础；相传在黄帝时期，仓颉创造文字，伶伦制作音律，隶首发明算盘。黄帝的妻子嫘祖会缫丝，擅长纺织。

3. 这些传说和发明的重大意义：远古传说反映出当时的社会发展水平。考古学者在河南、陕西、山西、甘肃、浙江等地发掘中发现了水井遗迹、蚕茧和丝织品、骨笛、船形彩陶壶等。这些发现，印证了我国原始社会晚期的社会发展水平。

三、尧舜禹的禅让

1. 部落联盟的发展：在黄帝之后，黄河流域主要有陶唐氏、有虞氏、夏后氏等部落。这一时期，气候变化导致黄河泛滥，洪水成灾。为抵御共同灾难，三个部落走向了联盟，尧、舜、禹依次成为部落联盟的首领。

2. 尧舜禹时期选举部落联盟首领的方式：禅让制。

3. 禅让制的含义：将部落首领的位子传给贤德之人。

4. 禅让制的实质：原始社会时期的一种民主推选部落联盟首领的制度。

5. 禅让制的表现：首领通过部落联盟会议民主推选出来。首领没有特权，当选的部落联盟首领要有高尚的品质。

6. 认识：禅让制是我国原始民主的具体表现之一，尽管禅让制源于我国远古的传说，但是我们可以看出，禅让的方式是和平、民主地推选，体现了"以人为本，任人唯贤"的思想。在远古时期，禅让制有利于部落联盟的团结。"禅让"是从尧开始的，尧禅让给舜，舜又禅让给治水英雄禹。

7. 尧的功绩：鼓励人们开垦荒田，适时耕种。尧年老时，征求各部落首领意见，推举品德高尚的舜做他的继承人。

8. 舜的功绩：制定刑法，完善制度，稳定局势，又派禹治水，解除水患。舜年老时让位于禹。

9. 禹的贡献：禹接受治水重任后，总结教训，采用疏导的方法，开凿河渠疏导洪水入海。他全身心投入治水，曾三过家门而不入，经过 10 多年的努力，终于解除水患。禹治水有功，得到民众爱戴，被尊称为"大禹"。他即位后，扩大了夏后氏部落的势力和影响。约公元前 2070 年，禹建立夏王朝，都城在阳城。

大禹治水像

10. 大禹治水。

（1）方法：用疏导的方法，开凿河渠疏导洪水入海。

（2）精神：禹全身心投入治水，曾三过家门而不入，经过 10 多年的努力，终于解除了水患。

（3）尊称：禹治水有功，得到民众爱戴，被尊称为"大禹"。

知识拓展

1. 尧、舜、禹的优秀品质。

尧生活俭朴、克己爱民，舜宽厚待人、以身作则，禹率领人民治水，能与群众同甘共苦，都很值得学习。

2. 中国人为什么自称是"炎黄子孙""华夏儿女"？

炎黄部落联盟所进行的一系列战争，打破了氏族之间狭隘的界限，促进了相互间的交流和融合，为华夏族的形成奠定了基础。因此，黄帝和炎帝被尊为华夏族的祖先，后人尊称黄帝和炎帝为中华民族的人文始祖，海内外的华人也以"炎黄子孙"自称。

阅读思考

一、材料研读

华夏民族，非一族所成。太古以来，诸侯错居，接触交通，各去小异而大同，渐化合以成一族之形，后世所谓诸夏是也。

——梁启超《饮冰室合集》

从材料中可以看出华夏民族的形成有什么特点？

中华民族是由错居杂处的众多民族，在不断的交往、交流过程中逐渐融合而成。

二、问题思考

1. 传说中炎帝和黄帝有很多发明创造，你认为这些发明创造反映出当时人们生活的哪些变化？你认为有关先民的传说是否有科学根据？

炎帝和黄帝的发明，虽说都是古人的传说，有些内容还近乎神话，但无一不有社会历史的近似事实作为根据。近年来，大量的考古材料证实了我国古代传说并非完全虚有。这些发明创造主要反映了人民生活——衣、食、住、行、医的变化。总之，先民的传说是有科学依据的。

比如传说黄帝开始挖掘水井，就有考古资料作为证明。考古材料证实，我国发现的古代第一口井是距今约 7000 年前河姆渡遗址的水井。还有距今约 4000 年前，河南汤阴白营遗址的水井，以及洛阳矬李遗址的一口圆形水井。水井的出现，说明人们定居生活已经较稳定，具有了利用水源的能力。

又如炎帝发明砭石疗法。砭石疗法又名热熨法，顾名思义就是把石头或沙土加热，用植物茎叶、织物、毛皮包裹后，敷于身体疼痛处，可消除或减轻疼痛。经过反复实践和改进，持焚烧的植物、药物进行局部适宜温热刺激，医治效果更臻完美，这就是针灸法的开端。热熨时所用的石子，古代医家称为"砭石"。砭石在湖南长沙下麻战国墓地曾被发现。砭石的发现，证明中医学在炎帝时期已开始有了萌芽。

2. 从大禹治水的事迹中可以看到什么样的精神？

创新精神，不屈不挠、坚持不懈的斗争精神，无私奉献精神，敬业精神，高度的社会责任感等。

三、课后活动

1. 说说远古传说与真实历史之间的区别与联系。

两者之间的联系：远古传说中有某些比较可靠的历史资料，是真实的历史，并已被考古发掘所证实。

两者之间的区别：远古传说，是在文字发明以前人们口耳相传的神话传说，是一种对上古时代历史的夸张；历史事实，则完全是真实存在的客观事实。

2. 黄帝陵位于陕西黄陵县城北，是全国重点文物保护单位。每年的清明时节，都有来自海内外的炎黄子孙到这里祭拜。平日到这里来瞻仰的人络绎不绝，如果你来当黄帝陵的导游，你对游客如何介绍黄帝的事迹？

黄帝，姓公孙，名轩辕。相传黄帝已能建造宫室以避寒暑，制作衣裳，挖掘水井，制造船只，会炼铜，并发明了弓箭和指南车。相传在黄帝时期，仓颉创造文字，伶伦制作音律，隶首发明算盘。黄帝的妻子嫘祖擅长纺织，并会缫丝。黄帝部落和炎帝部落结成联盟，曾在涿鹿大战中打败蚩尤部落后逐渐形成华夏族，后人尊崇炎帝和黄帝为中华民族的人文始祖，海内外的华人也以"炎黄子孙"自称。

第二单元　夏商周时期：
早期国家的产生与社会变革

体系构建

```
                    ┌ 夏朝的建立与"家天下" ┌ 建立：约公元前 2070 年，禹建立夏朝
                    │                      ┤ 启继承禹的位置，世袭制代替禅让制
         早期国家    │                      └ 夏桀的暴政
         的产生和    ┤ 商汤灭夏 ┌ 商朝建立：约公元前 1600 年
         发展        │          └ 盘庚迁殷
                    │ 武王伐纣 ┌ 牧野之战
                    │          └ 西周建立：公元前 1046 年，周武王建立周朝，史称西周
                    └ 西周的分封制

                    ┌ 动荡的春秋时期 ┌ 经济发展
                    │                ┤ 王室衰微
夏商周时期：          │                └ 诸侯争霸：齐桓公、晋文公、楚庄王、秦穆公等
早期国家的  社会变革  ┤ 战国七雄：齐、楚、燕、韩、赵、魏、秦
产生与社会            │ 商鞅变法 ┌ 时间：公元前 356 年
变革                  │          └ 内容、意义
                    └ 造福千秋的都江堰 ┌ 主持修建者：李冰
                                      └ 作用：成都平原成为沃野，被称为"天府之国"

                    ┌ 青铜器的高超工艺 ┌ 用途、功能和制作工艺
                    │                  └ 典型代表：后母戊鼎
                    │ 甲骨文 ┌ 甲骨文记事：含义、意义
                    │        └ 造字特点：象形、指事、会意、形声等造字方法
                    │        ┌ 简介：道家学派创始人
         思想文化    ┤ 老子 ┤ 思想：顺应自然，事物都有对立面，主张"无为而治"
                    │        └ 著作：《道德经》
                    │                  ┌ 简介：大思想家、教育家，儒家学派的创始人
                    │ 孔子和儒家学说 ┤ 思想：核心思想是"仁"，主张以德治国
                    │                  └ 教育成就：由其弟子整理《论语》一书
                    │        ┌ 墨家：墨子
                    └ 百家争鸣 ┤ 儒家：孟子和荀子
                              │ 道家：庄子
                              └ 法家：韩非
```

第4课　早期国家的产生和发展

一、夏朝的建立与"家天下"

1. 夏朝建立时间：约公元前2070年。

2. 建立者：禹。

3. 都城：阳城（今河南登封）。

4. 地位（意义）：夏朝建立，标志着我国早期国家的产生。夏朝是中国历史上第一个王朝。

5. 概况：禹在位时，征服南方三苗，在阳城修建城池，创制各种制度，社会生产有了很大发展，社会逐渐产生阶级分化。

6. 启承禹位：启，夏王朝的第二代国王，他继承其父禹的位置，从此，世袭制取代禅让制，"公天下"变成"家天下"。（认识：是生产力发展的表现，说明了社会的发展与进步。）

7. 巩固统治：夏朝建立了军队，制定刑法，设置监狱。此外，还制定了历法，称为"夏历"。

8. 遗址：夏朝的中心地区在今山西南部、河南中西部一带。考古学者在洛阳平原发掘出夏朝的一座都城遗址——二里头遗址。出土的器物和发现的遗迹不仅反映了夏王朝的阶级分化和等级界限，也反映了夏朝时期的文明进程。

二里头一号宫殿复原图

9. 衰落：夏朝经历400多年，到夏王桀在位时期，国力衰弱。桀不修德行，统治残暴，用武力伤害百姓，引起民众的反抗。

10. 灭亡：公元前1600年，最后一个国王夏桀暴虐，商的首领汤起兵攻伐夏王桀，桀败，夏朝灭亡。

二、商汤灭夏

1. 商朝建立。

（1）时间：公元前1600年。

（2）建立者：汤。

（3）都城：亳。

2. 商汤的措施及产生的意义：商汤任用贤才，发展农业、手工业和商业，使经济得到发展，人民生活安定，商朝很快强大起来。

3. 迁都（盘庚迁殷）：商朝多次迁都，到商王盘庚时迁都到殷，此后商朝保持了相对稳定，因此又称商朝为殷朝。

4. 巩固统治的措施：商朝为巩固统治，设置监狱，制定酷刑，加强对奴隶和平民的控制。

5. 商纣王暴政：商纣王是商朝最后一个王，他对外征伐，耗费国力，同时修筑豪华宫殿，对百姓征收繁重赋税，还用酷刑残害人民。商纣王使用炮烙之刑，"以酒为池""悬肉为林"。

6. 灭亡：公元前 1046 年周武王联合各地势力，与商军展开牧野之战（商军阵前倒戈），周军占领商都，商朝灭亡。

三、武王伐纣

1. 兴起：商朝晚期，陕西渭水流域周原一带的周部落，以农业立国，不断拓展疆土，发展迅速。周武王时，得到吕尚、周公等人的辅佐，周部落日益强盛。

2. 牧野之战：公元前 1046 年，周武王伐纣，与商军在牧野决战，商军阵前倒戈，周军占领商都，商朝灭亡。

3. 西周的建立。

（1）时间：公元前 1046 年。

（2）建立者：周武王。

（3）都城：镐京。

（4）分封制：实行分封制。

四、西周的分封制

1. 目的：为了稳定周初的政治形势，巩固疆土。

2. 内容：①周王根据血缘关系远近和功劳大小，将宗亲和功臣等分封到各地，授予他们管理土地和人民的权力，这些宗亲和功臣被称为诸侯，建立诸侯国。②诸侯具有较强的独立性，但需要向周王进贡纳物，并服从周王调兵。平时镇守疆土，战时带兵随从周天子作战。③受封者可以在自己的封地内进行再分封，从而确立了周王朝的社会等级制度"分封制"。周代贵族等级分为天子、诸侯、卿大夫、士。

3. 作用：保证了周王朝对地方的控制，稳定政局，扩大统治范围。

4. 实质：确立了周王朝的社会等级制度。

5. 西周社会的等级：周天子—诸侯—卿大夫—士。

6. 弊端：诸侯国具有较强的独立性。当诸侯国力量强大后，会威胁到周天子的统治地位，最终导致春秋战国的战乱与纷争。

7. 西周灭亡。

（1）"国人暴动"：公元前 841 年，周厉王"防民之口，甚于防川"，"道路以目"，引起了"国人暴动"。

（2）灭亡：周幽王时，朝政腐败，社会矛盾激化。公元前771年，西周王朝被犬戎族所灭。

（3）东周建立：周平王把都城迁到洛邑，史称东周。

📖 知识拓展

1. 夏、商与西周政权概况（夏、商、周的更替）。

朝代		建立时间	灭亡时间	都城	开国君主	亡国之君
夏		约前2070年	前1600年	阳城	禹	桀
商		约前1600年	前1046年	亳，盘庚把都城迁到殷	汤	纣
周	西周	前1046年	前771年	镐京	周武王	周幽王
	东周	前770年	前221年	洛邑	周平王	

2. 商汤灭夏、武王伐纣说明了什么？

商汤灭夏、武王伐纣都取得了胜利，说明得民心者得天下，失民心者失天下；执政者实行的政策只有符合民意，国家才能长治久安。

3. 从夏朝和商朝灭亡中我们能得到什么启示？

得民心者得天下，失民心者失天下；得道者多助，失道者寡助；统治者要勤于政事，关心人民，重用人才。

4. 对禅让制、世袭制、分封制的含义区别。

禅让制是原始社会末期把部落首领之位传给贤德之人的制度；世袭制指王位、爵位和财产按照家族血缘关系世代继承下去；分封制是西周时期实行的地方管理制度，周王根据血缘关系的远近和功劳大小，将宗亲和功臣分封到各地，授予他们管理土地和人民的权力，建立诸侯国。

禅让制	①是将部落联盟首领位子传给贤德之人，是史前时代民主推举部落联盟首领的制度 ②尧年老后，部落联盟推举舜为他的继承人，后来舜又采取同样的办法把位子禅让给禹
世袭制	①指王位或帝位世代沿袭的制度，主要是父传子，以血缘关系来确定继承人 ②王位世袭制的开创是我国原始社会过渡到奴隶社会的重要标志
分封制	①指周天子把土地和臣民分给诸侯，诸侯在自己的封地内，也按同样的制度把土地和臣民分赐给卿大夫 ②卿大夫再按照同样的制度将土地和臣民分给士 ③士直接统治农民和奴隶

📖 阅读思考

一、材料研读

大道之行也，天下为公。选贤与能……是谓大同。

今大道既隐，天下为家……是谓小康。

——《礼记·礼运》

材料中"天下为家"的"家"，指的是什么？

这里的"家"是指帝王把国家政权据为世代已有，把国家当作一家的私产。

二、问题思考

西周分封制的作用是什么？

分封制保证了周王朝对地方的控制，稳定了政局，扩大了统治范围。

三、课后活动

1. 西周时期在政治上实行的是什么制度？自上而下分为哪几个等级？

西周实行的是分封制。自上而下分别是国王、诸侯、卿大夫、士。

2. 说出夏、商、西周三朝灭亡的共同原因。

都是由于国君暴虐无道，统治残暴、腐败，失去民心，激起人民的反抗。

第5课　青铜器与甲骨文

📖 要点阐释

一、青铜器的高超工艺

1. 出现：原始社会后期，我国许多地方都出现了青铜器，如距今4000多年的甘肃齐家文化遗址出土了铜镜。

2. 发展：商朝以后青铜器的数量增多，种类逐渐丰富。

3. 用途：主要用于饮食、祭祀及军事等方面，功能也由食器等发展到礼器，成为王公贵族象征身份地位乃至国家权力的代表性器物。

点拨：礼器的类型和数量反映了权力的大小和严格的等级界限。

4. 制作工艺：商周时期是青铜文化的灿烂时期，商周时期的青铜器不仅种类丰富、数量众多，而且制作工艺高超。当时的工匠已准确地掌握了铜、锡、铅的比例，用来制造不同用途的器具。在铸造技术上，采用"泥范铸造法"，经过制模、雕刻纹饰、翻制泥范、高温焙烧、浇注液态金属、加工修整等工艺制成。到商代后期，青铜铸造业不仅规模宏大，而且组织严密，分工细致，能够铸造出大型器物。

四羊方尊

5. 代表：后母戊鼎和四羊方尊。

6. 后母戊鼎。

（1）名称由来：因鼎的腹内铸有"后母戊"三个字而得名。

"后"是伟大、了不起的意思，"戊"指商朝国王武丁的妻子，"后母戊"是商王祖庚或祖甲将鼎献给"敬爱的母亲戊"。

（2）特点：形制雄伟，气势宏大，纹饰华丽，工艺高超，体现了庄严凝重的风格，是目前世界上已发现的古代最重的青铜器。

（3）铸造：采用合范法，反映了当时的青铜器铸造业已达到相当高的水平；说明当时的青铜器铸造业规模宏大、组织严密。

后母戊鼎

（4）意义：是迄今世界上出土的最重的青铜器，重达 832.84 千克，是商代辉煌文明的象征，反映了商朝工匠的聪明才智和协同合作精神，折射出当时的强盛国力。

二、甲骨文记事

1. 甲骨文含义：甲骨文是商周时期刻写在龟甲和牛、羊等兽骨上的文字。

2. 发现：1899 年，清朝人王懿荣首次发现甲骨文，此后在安阳殷墟、陕西、山东等地出土了大量商代和西周的甲骨，至今已有 16 万片，其中商代有字的甲骨有 10 余万片，单字约 4500 个，已经识别的有 1500 多字。

刻有文字的甲骨

3. 记载内容：甲骨文记载的内容十分丰富，涉及祭祀、战争、农牧业、官制、刑法、医药、天文历法等。

4. 意义：甲骨文是中国已发现的古代文字中年代最早、体系较为完整的文字，对中国文字的形成与发展具有深远影响。目前，我国有文字可考的历史从商朝开始。

三、甲骨文的造字特点

1. 造字特点：甲骨文使用象形、指事、会意、形声、假借等多种造字方法。

2. 影响：甲骨文已经具备了汉字的基本结构，很多字体至今仍在使用，是汉字形成与发展的重要阶段。

阅读思考

课后活动

1. 夏、商、周时期主要的青铜器都有什么用途？
酒器、炊具、礼器。

2. 甲骨文最早出现在哪个朝代？
A. 夏朝　　B. 商朝　　C. 西周

第6课　动荡的春秋时期

一、春秋时期经济的发展

1. 农业：春秋后期，铁制农具和牛耕出现，促进了农业上的深耕细作，并为开发山林扩大耕地创造了条件。铁制农具和牛耕的使用，是春秋时期农业生产力水平提高的重要标志。

2. 手工业：手工业规模不断扩大，青铜业、冶铁业、纺织业、煮盐业以及漆器制作等都有所发展。

3. 商业：商业活动逐渐活跃，很多城市出现了商品交换市场，金属货币被更多地使用。

二、王室衰微

1. 原因：社会动荡，各种制度遭到破坏，一些诸侯国不再把土地分封给卿大夫，而是设置郡、县，委派官员管理，职位也不世袭，由此加强对地方的控制，这样就使分封制逐步遭到瓦解。

2. 表现：周王室的统治势力大减，已无力控制诸侯；诸侯不再听从王命，各自为政；诸侯不再定期向天子纳贡，导致周王室在财政上陷入困境。

3. 结果（影响）：周王室地位下降，大的诸侯国势力崛起。他们竞相称霸，操控政治局面，实际上取代了周天子的地位。

三、诸侯争霸

1. 背景：由于政治、经济发展不平衡，各诸侯国为了自身的利益相互展开争斗；民族间的矛盾也有所发展。

2. 经过：齐桓公、晋文公、楚庄王、秦穆公等先后称霸中原；到春秋末期，长江下游的吴国和越国也先后北上争霸。春秋时期的第一个霸主是齐桓公。

3. 霸主：齐桓公、晋文公、楚庄王、秦穆公等。

4. 实质：是奴隶主阶级的争霸战争。

5. 影响（结果）。

（1）消极影响：给社会和人民带来巨大的灾难。

（2）积极影响：在争霸过程中，有的诸侯国被灭掉，一些强大的诸侯国的疆域不断扩展，加快了统一的步伐。出现了大规模的民族交融。

1. 春秋和战国。

公元前 770 年，周平王东迁洛邑，史称"东周"。东周分为春秋和战国两个时期。

名称	名称由来	时间	历史特征	社会特点
春秋	因鲁国编年体史书《春秋》而得名	前770—前476 年	是我国奴隶社会的瓦解时期：诸侯不再听从天子的命令，天子反而依附于强大的诸侯	战乱与纷争；春秋以争霸为主；战国以兼并为主
战国	因各诸侯国连年争战而得名	前475—前221 年	是我国封建社会的形成时期；兼并战争更频繁，规模更大、更残酷，有统一的趋势	

2. 齐桓公称霸的原因。

（1）齐国地理位置好，盛产鱼、盐，经济富庶，是东方的一个大国。

（2）（管仲改革）齐恒公任用管仲为相，积极改革内政，发展生产。

（3）改革军制，组建强大的军队，扩充疆界。

（4）政治上打出"尊王攘夷"的口号。

3. 春秋时期，齐国和晋国能够迅速强大的共同原因是什么？

春秋时期的霸业政治，是在以变求强的争霸过程中实现的。各大国为谋霸政而改革，因改革而富强，进而推动整个社会的进步。齐国和晋国都通过改革迅速致强，改革都涉及内政、生产和军事等方面的内容。

阅读思考

一、材料研读

平王之时，周室衰微，诸侯强并弱，齐、楚、秦、晋始大，政由方伯。

——《史记·周本纪》

材料中的"方伯"指一方诸侯之长。想一想，春秋时期诸侯取代周王室操纵了国家政治，使得整个国家处于什么样的状态？

处于诸侯各自为政、相互攻伐、国家分裂割据状态。

二、问题思考

春秋时期诸侯争霸有何利弊？

春秋时期诸侯争霸，给社会带来了种种灾难。但在争霸过程中，一些诸侯国被消灭，国家出现了走向统一的趋势。

三、课后活动

1. 按照西周时的规定，周天子可以享用九鼎，诸侯只可用七鼎。但春秋时，郑庄公却享用九鼎，以后一些诸侯随之仿效。想一想，这种情况反映了什么问题？

这反映了王室的衰微、诸侯势力的崛起。西周的分封制、宗法制、礼乐制度瓦解，这里主要反映西周礼乐制度的破坏。

2. 搜集有关材料，每人编写一则春秋时期的小故事，然后在全班举办一次故事会。

春秋时期，吴王夫差凭着自己国力强大，领兵攻打越国。结果越国战败，越王勾践于是被抓到吴国。吴王为了羞辱越王，因此派他从事看墓与喂马这些奴仆才做的工作。越王心里虽然很不服气，但仍然极力装出忠心顺从的样子。吴王出门时，他走在前面牵着马；吴王生病时，他在床前尽力照顾，吴王看他这样尽心伺候自己，觉得他对自己非常忠心，最后就允许他返回越国。

越王回国后，决心洗刷自己在吴国当囚徒的耻辱。为了告诫自己不要忘记复仇雪恨，他每天睡在坚硬的木柴上，还在门上吊一颗苦胆，吃饭和睡觉前都要品尝一下，为的就是要让自己记住教训。除此之外，他还经常到民间视察民情，替百姓解决问题，让人民安居乐业，同时加强军队的训练。

经过十年的艰苦奋斗，越国变得国富兵强，于是越王亲自率领军队进攻吴国，取得胜利，吴王夫差羞愧得在战败后自杀。后来，越国又乘胜进军中原，成为春秋末期的一大强国。

第7课　战国时期的社会变化

要点阐释

一、战国七雄

1. 七国形成。

（1）三家分晋：晋国被赵、魏、韩三家大夫瓜分（公元前403年）。

（2）田氏代齐：公元前386年，三家分晋后，齐国大夫田氏取代原来的国君，建立田氏齐国。

（3）战国七雄：战国时期，形成了齐楚燕韩赵魏秦七雄并立的局面。

2. 社会状况：兼并战争。

（1）战争特点：规模很大，参战兵力多，交战区域广，持续时间长。

（2）著名战役：桂陵之战（围魏救赵）、马陵之战（减灶计）、长平之战（纸上谈兵）。

（3）战争结果：战国中期以后各诸侯国的势力此消彼长，魏国、齐国、赵国、秦国先后崛起，秦国成为最强盛的诸侯国，对东方六国构成威胁。

（4）影响：为结束分裂，实现国家统一奠定了基础。

3. 公元前 260 年，秦、赵之间发生长平之战，从此东方六国再无力抵御强秦的进攻，长平之战为秦最终统一六国奠定了基础。

二、商鞅变法

1. 背景。

（1）根本原因：战国时期，铁制农具和牛耕的使用进一步推广，社会生产力水平不断提高，新兴地主阶级的势力增强。

（2）发展需要：为适应社会政治经济的变化，各诸侯国统治者实行变法改革，确立新的政治经济秩序，以求富国强兵，在兼并战争中取胜。

2. 目的：富国强兵，在兼并战争中取胜。

3. 时间：公元前 356 年。

4. 人物：秦孝公任用商鞅（"治世不一道，便国不法古"）主持变法。

5. 性质：商鞅变法是一场比较彻底的地主阶级改革。

6. 商鞅变法的内容。

政治	确立县制，由国君直接派官吏治理（建立县制，对后世影响最为深远）；废除贵族的世袭特权（损害了旧贵族的利益，是后来商鞅被处死的原因）；改革户籍制度，加强对人民的管理；严明法度，禁止私斗	加强中央集权
经济	废除井田制，允许土地买卖（最能体现变法性质）；鼓励耕织，生产粮食、布帛多的人可免除徭役（国富）；统一度量衡	确立封建土地私有制 提高了农民积极性从而促进经济发展
军事	奖励军功，对有军功者授予爵位并赏赐土地（兵强）	军队战斗力增强

7. 作用（影响）：使秦国的国力大为增强，提高了军队的战斗力，一跃成为最强盛的诸侯国，为以后秦统一全国奠定了基础。

8. 商鞅具有的品质：坚持真理，不畏艰难，敢于和顽固势力作斗争，勇于创新，为改革不怕牺牲。

9. 商鞅变法取得成功的原因：变法顺应了历史发展趋势，符合秦国国情和新兴地主阶级的要求，这是变法成功的根本所在。变法得到了秦孝公的支持，变法措施执行坚决，改革措施全面彻底。法家思想的传播，商鞅对守旧势力的论战，奠定了变法的思想理论基础，扫除了变法的阻力。商鞅敢于同旧势力作斗争，并制定了一系列具体而行之有效的改革措施。

10. 商鞅变法成功的启示：改革必须顺应历史发展的潮流，改革必须勇于创新。改革会遇到重重阻力，必须坚持不懈，有牺牲精神。改革应充分发挥人才的作用。要制定法律保障改革的顺利进行。

三、造福千秋的都江堰

1. 时间：公元前 256 年。
2. 人物：秦国蜀郡郡守李冰。
3. 地点：在成都附近的岷江上。
4. 构成：由渠首和灌溉网两大系统工程构成。渠首工程建于岷江之中，分为鱼嘴、宝瓶口和飞沙堰三个主体工程。鱼嘴是在江心修筑分水堤坝，将岷江分为内江和外江。内江用于灌溉，外江用于分洪。
5. 功能：防洪、灌溉、水运等。
6. 影响：使成都平原成为沃野，变成"天府之国"；两千多年来，都江堰一直发挥着巨大的作用，在世界水利史上绝无仅有，充分反映出我国人民的智慧。

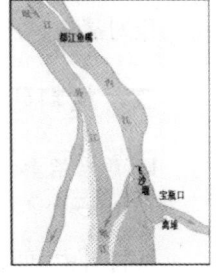

都江堰示意图

1. 战国七雄——相互兼并战争简表。

时期	主要战役	交战国家	典故	影响
战国	桂陵之战	魏、赵、齐	围魏救赵	削弱魏国的军事实力
	马陵之战	魏、齐	减灶计	齐国强大起来
	长平之战	秦、赵	纸上谈兵	东方六国无力抵御秦军的进攻

2. 春秋、战国时期战争的比较。

	春秋时期	战国时期
目的	争霸（成为霸主）	兼并（统一全国）
战争特点	时间短、规模小、次数少	时间长、规模大、战争频繁
军队数量	军队数量较少，往往一天就能决定战争胜负	几十万大军，持续几个月，死伤几万，甚至几十万
称霸方式	强者通过召集盟会确立霸主地位	强者吃掉弱者，进而统一中国

3. 商鞅变法是成功了还是失败了？为什么？

判断一场变革的成功或失败的标准，不在于实施变法的人的生与死，而在于变法的目的是否达到。商鞅被处死，说明守旧势力的猖狂和统治者的昏庸。商鞅虽死，但变法还是获得了成功，因为经过变法，秦国的经济得到发展，军队战斗力不断增强，发展成为战国后期最富强的封建国家。

4. 正确认识春秋战国时期各国之间的战争。

从战争的目的看，春秋时期战争的目的是争夺土地、人口，当上"霸主"，享受以前周天子所拥有的政治、经济特权。而战国时期的战争，特别是中后期的几次战争，激烈而残酷，其目的是想完成全国统一大业。从战争的结果看，都给人民带来了沉重的灾难，但也减少了诸侯国的数量且削弱了一些诸侯国的实力，并出现了"战国七雄"并存的局面，为后来统一全国奠定了基础，同时客观上促进了民族融合。

25

一、问题思考

设想一下，当时的人民对连绵不断的战争会有什么样的想法？他们最渴望的是什么？

反对战争，希望结束战争；渴望国家统一，和平、安定地生活。

二、材料研读

1. 商君治秦，法令至行，公平无私，罚不讳强大，赏不私亲近。

——《战国策·秦策一》

从材料中可以看出商鞅是怎样推行改革的？

不畏强权，敢于同守旧势力作斗争；公平无私，严格执法。

2. 据《华阳国志·蜀志》记载，都江堰建成后，"水旱从人，不知饥馑。时无荒年，天下谓之'天府'也"。

想一想，都江堰的建成对周边地区的农业发展有什么影响？

有效地控制了岷江进入成都平原的灌溉水量，使岷江沿岸地区有便利的水源，既解决了洪水泛滥的问题，又保障了农业灌溉。建成之后，成都平原成为沃野，被称为"天府之国"。

三、课后活动

1. 查一查下列成语的典故，哪些是出自春秋时期，哪些是出自战国时期？

退避三舍　纸上谈兵　老马识途　百发百中　唇亡齿寒　卧薪尝胆　朝秦暮楚　三令五申　一鼓作气　完璧归赵。

出自春秋时期的有：退避三舍；老马识途；唇亡齿寒；卧薪尝胆；三令五申；一鼓作气。

出自战国时期的有：纸上谈兵；百发百中；朝秦暮楚；完璧归赵。

2. 支持商鞅的秦孝公死后，商鞅被害，然而新法并没有被废止，你认为这说明了什么？

变法改革必然会遭到守旧势力的强烈反对，要付出代价。但只要顺应了历史潮流，改革终会推行下去，并取得成功，得到后世肯定。

第8课 百家争鸣

一、老子

1. 人物介绍：老子是春秋后期楚国人，道家学派的创始人。老子姓李名耳，做过周朝的史官，管理王室典籍，学识渊博。

2. 主张：老子认为，万物运行有自然法则，人们应顺应自然；世间的事物都有对立面，如正和反、难和易，对立的双方可以相互转化。老子善于从正反两面思考问题。老子在政治上主张"无为而治"，人们与世无争，天下就能太平。他的学说集中在《道德经》一书，这部书是道家的经典。

老子像

二、孔子和儒家学说

1. 人物介绍：孔子是春秋后期鲁国人，名丘，字仲尼。儒家学派创始人，大思想家、大教育家。

2. 核心思想：孔子的核心思想是"仁"，他提出"仁者爱人"，即要有爱心和同情心，"己所不欲，勿施于人"，"己欲立而立人，己欲达而达人"，将"仁"作为处理人与人关系的最高行为准则和道德规范。

湖南长沙马王堆汉
墓出土帛书《老子》

3. 政治主张：孔子在政治上推崇西周制度，主张以德治国，要求统治者爱惜民力，体察民意。他反对苛政，认为统治者只有实行德政，使人民心悦诚服，社会才能稳定。

4. 教育主张（教育教学成就）。

（1）教育：创办私学，打破了贵族和王室垄断教育的局面。主张"有教无类"，促进了教育在民间的发展。

（2）教学：注重道德教育和文化知识教育，发现和总结出许多教学原则和方法，如因材施教、温故知新等。

孔子像

5. 文化成就：晚年精心整理古代重要的文献资料，对传承中国古代文化经典和学术思想作出巨大贡献。

6. 历史地位：孔子是儒家学派的创始人，他的思想后来由其弟子整理成《论语》一书。孔子的学说对中国古代文化发展有非常重要的影响，他提出的一些道德规范对中国社会也具有深远影响。

《论语》书影

三、百家争鸣

1. 背景：战国时期，旧的社会制度进一步瓦解，新的社会制度逐步确立。此时的学术思想领域非常活跃，形成不同的学派，不同学派各陈其说，史称"诸子百家"。

2. 百家争鸣含义：各学派代表人物聚众讲学，研讨学术，著书立说。他们提出各种政治主张和治国方略，希望用自己的学说解决社会问题。各学派在思想上、政治上观点不同，学派之间展开激烈辩论，相互抨击；同时又相互影响，取长补短。这一思想文化繁荣的局面，历史上称之为"百家争鸣"。

3. 主要流派及其思想主张。

时期	姓名	称谓	著作	主要思想	借鉴或启示
春秋时期	老子	道家学派创始人	《道德经》	顺应自然；事物都有其对立面，对立的双方可以相互转化；主张无为而治	辩证地看待问题
	孔子	大思想家、大教育家；儒家学派的创始人	《论语》《春秋》	①政治思想：核心思想是"仁"，主张以德治国；主张实行德政。②教育思想：教育：创办私学，主张"有教无类"；教学：注重道德教育和文化知识教育，发现和总结出许多教学原则和方法，如因材施教、温故知新等	以人为本；构建和谐社会；尊重教育教学规律，采取科学的学习方法
战国时期	墨子	墨家学派创始人	《墨子》	主张"兼爱非攻"；提倡节俭	构建和谐社会；反对侵略战争；勤俭治国
	孟子	战国时期儒家的代表人物	《孟子》	主张实行"仁政"；提出"民为贵，社稷次之，君为轻"的思想，反对一切非正义的战争	构建和谐社会
	荀子		《荀子》	主张实行礼治，明确尊卑等级，以维系社会秩序	
	庄子	战国时期道家学派代表人物	《庄子》	治国要顺其自然和民心；人生应追求精神自由，保持独立的人格	积极地面对和看待问题
	韩非	法家集大成者	《韩非子》	以法治国；建立中央集权专制统治	积极改革，勇于创新
	孙武	军事家，兵家鼻祖	《孙子兵法》	"知己知彼，百战不殆"	

4. 影响：百家争鸣促进了思想和学术的繁荣，成为中国古代第一次思想文化发展的高峰，为中国古代文化的发展奠定了基础，对后世有十分重要而深远的影响。

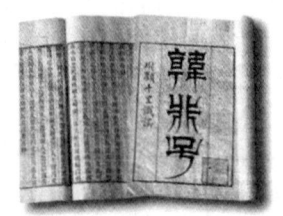

墨子像   孟子像   《韩非子》书影

📖 知识拓展

1. 诸子百家形成的背景。

春秋战国时期是社会大动荡的时期，旧的社会制度进一步瓦解，新的社会制度逐步确立。春秋战国时期也是学术思想领域非常活跃的时期，形成了不同的学派，各陈其说，史称"诸子百家"。

2. 春秋战国时期的重大变革。

变革方向	内容	作用
生产力	铁制农具和牛耕的推广使用	推动新的生产关系（地主阶级和农民阶级）出现
政治（社会制度）	商鞅变法	使秦国的国力大为增强，提高了军队的战斗力，一跃成为最强盛的诸侯国，为以后秦统一全国奠定了基础
水利工程	修筑都江堰	使成都平原成为沃野，变成"天府之国"
思想	百家争鸣	促进了思想和学术的繁荣，成为中国古代第一次思想文化发展的高峰，为中国古代文化的发展奠定了基础

3. 春秋战国时期的历史特征。

政治上：各国变法、社会变革，主要表现在各诸侯国经过变法，封建制度逐步确立起来，地主阶级统治代替了奴隶主贵族统治。

军事上：诸侯混战、争霸兼并，主要表现在春秋争霸和战国七雄兼并。

思想上：百家争鸣、著书立说，各学派著书立说，对社会发展提出不同看法，形成百家争鸣局面。

📖 阅读思考

一、材料研读

1. 为政以德，譬如北辰，居其所而众星共之。

道之以政，齐之以刑，民免而无耻；道之以德，齐之以礼，有耻且格。

——《论语·为政》

你认为孔子提倡"为政以德""道之以德"有什么积极的意义？

"为政以德"即是反对苛政，要求统治者爱护百姓，同时以道德教化天下。这体现了民本思想，有利于减轻压迫，改善民生；其道德教化思想，有利于社会风化，弘扬正气。这些对于我们今天提倡以德治国、建设和谐社会也具有重要的借鉴意义。

2. 富贵不能淫，贫贱不能移，威武不能屈。此之谓大丈夫。

——《孟子·滕文公下》

你认为孟子的这段话体现了什么精神？

这段话的意思是说，高官厚禄收买不了、贫穷困苦折磨不了、强暴武力威胁不了的人，才算真正的大丈夫。这是在强调做人要不卑不亢，应具有坚定的立场、坚强的意志和不屈不挠的精神。

二、问题思考

为什么说百家争鸣促进了思想文化的繁荣?

春秋战国时期,各家学派的代表人物聚众讲学,研讨学术,著书立说,探讨自然、社会和人性,提出各种治国方略和政治思想,直接促成了思想的空前繁荣。再者,百家争鸣中形成的大胆思考、自由讨论的学术风气,也有力地促进了文学艺术、自然科学的发展。总之,百家争鸣形成了我国思想文化发展史上的第一个高峰。

三、课后活动

1. 请说出下列孔子的语录对于我们今天的学习有什么指导意义。

知之为知之,不知为不知,是知也。

三人行,必有我师焉。

学而不思则罔,思而不学则殆。

温故而知新,可以为师矣。

敏而好学,不耻下问,是以谓之文也。

——《论语·为政》

指导意义:孔子在学习上强调,要抱着诚实求学和虚心请教的态度,向能者学习,甚至向不如自己的人请教,要把经常复习和探求新知相结合,要把学习和思考相结合。这对我们今天的学习仍具有重大的指导意义。

2. 谈谈你对下列孟子言论的感想。

鱼,我所欲也;熊掌,亦我所欲也,二者不可得兼,舍鱼而取熊掌者也。生,亦我所欲也;义,亦我所欲也,二者不可得兼,舍生而取义者也。

——《孟子·告子上》

在面对生死义利的时候,要学会取舍,善于抉择,但一定要权衡价值,守住道德底线。

第三单元 秦汉时期：
统一多民族国家的建立和巩固

体系构建

秦汉时期：统一多民族国家的建立和巩固

秦统一中国

- 秦灭六国：公元前221年秦朝建立，定都咸阳
- 确立中央集权制度
  - 皇帝拥有至高无上的权威
  - 中央政权机构由丞相、太尉、御史大夫统领
  - 地方实行郡县制
- 巩固统一的措施
  - 文化：统一文字
  - 经济：统一货币、度量衡
  - 交通：统一车轨，开灵渠
  - 军事：北击匈奴，修长城
- 秦末农民大起义
  - 秦的暴政
  - 陈胜、吴广起义：公元前209年
  - 推翻秦朝
    - 巨鹿之战：公元前207年
    - 秦朝灭亡：公元前207年
  - 楚汉之争：项羽、刘邦争夺帝位之战
- 西汉建立和"文景之治"
  - 西汉的建立：公元前202年，定都长安
  - 休养生息政策
  - "文景之治"：汉文帝、汉景帝时期
- 汉武帝巩固大一统王朝
  - 政治："推恩令"的实施
  - 思想文化："罢黜百家，独尊儒术"，在长安设立太学
  - 经济：统一铸造五铢钱，盐铁专卖
  - 军事：北击匈奴
- 东汉的兴衰
  - 光武中兴：光武帝统治时期
  - 外戚宦官交替专权：东汉王朝走向衰亡
  - 黄巾起义：东汉一蹶不振
- 沟通中外文明的"丝绸之路"
  - 张骞通西域：公元前138年和公元前119年
  - 丝绸之路
    - 路线、作用
    - 海上丝绸之路
  - 对西域的管理
    - 设立西域都护：公元前60年
    - 班超经营西域
- 两汉的科技和文化
  - 科技：造纸术的发明
  - 医学：张仲景和华佗
  - 史学：司马迁著《史记》
  - 宗教：道教的兴起和佛教的传入

第9课　秦统一中国

要点阐释

一、秦灭六国

1. 秦统一全国的原因（条件）：人民希望结束战乱，过上安定的生活；商鞅变法的成功为秦的统一打下了坚实的基础；秦王嬴政雄才大略、任用贤人，积极策划统一大计。

2. 秦灭六国。

（1）时间：公元前230—公元前221年。

（2）灭六国的先后顺序：韩、赵、魏、楚、燕、齐。

（3）灭六国过程的特点：由近及远（自西向东）；逐个击破。

3. 秦朝的建立。

（1）时间：公元前221年。

（2）都城：咸阳。

（3）开国皇帝：秦始皇嬴政。

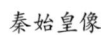

秦始皇像

4. 秦统一的意义：结束了春秋战国以来长期割据混战的局面，建立起我国历史上第一个统一的多民族的封建国家。

5. 点拨：秦国不能等同于秦朝。秦国是战国七雄之一，商鞅变法就发生在秦国；而秦朝是公元前221年由嬴政建立的我国历史上第一个统一的、多民族的封建制国家。

6. 秦国能够统一六国的原因：战国时期社会经济的进一步发展，经济文化联系的进一步加强，为统一奠定了坚实的物质基础；从民族关系讲，战国后期形成了具有共同的语言和生活习俗、共同的经济、共同的心理的华夏民族，这是统一的坚强保证。统一是人心所向，众望所归，各个阶级、各种阶层的人们都希望统一。秦朝经过商鞅变法，奠定了雄厚的实力。秦朝出了雄才伟略而又富有野心和冒险精神的嬴政，他的个人魅力不容忽视。

二、确立中央集权制度

1. 背景：秦实现大一统后，原来各自为政的政治形态已不能适应新的社会发展。

2. 目的：为了加强对全国的统治，秦朝创立了大一统的中央集权制度。

3. 内容。

在中央	①最高统治者称皇帝，总揽全国一切军政大权 ②皇帝之下，设有中央政权机构，由丞相、太尉、御史大夫统领，分管行政、军事和监察事务，最后的决断权由皇帝掌控
在地方	①废除西周以来实行的分封制，建立由中央直接管辖的郡县制 ②全国分为36郡，后增至40多郡，郡的行政长官称郡守；郡下设县，县的长官称令或长；郡县的长官都由朝廷直接任免 ③县以下又设乡、亭、里等基层组织

4. 郡县制的影响（作用）：皇帝和朝廷牢牢地控制了全国各地的权力，并把政治、法律、军事、土地及赋役等制度推向全国。郡县制的实行开创了此后我国历代王朝地方行政的基本模式。

三、巩固统一的措施

1. 政治方面：建立封建专制主义的中央集权制度。最高统治者称皇帝，总揽全国一切军政大权；中央设丞相、太尉、御史大夫，分管行政、军事和监察事务；在地方上推行郡县制。

2. 经济方面。

（1）统一货币（圆形方孔半两钱）。改变了以往币制混乱的状况，有利于国家对经济的管理，促进了各地经济的交流。

（2）统一度量衡制度。度量衡的统一，便利了经济发展。

3. 文化方面：统一文字，把小篆作为全国的通用文字。文字的统一，使政令能够在各地顺利推行，也使不同地域的人民能够顺畅沟通，有利于文化的交流与发展。

4. 交通方面：秦始皇下令统一车辆和道路的宽窄，并修筑贯通全国的道路，使秦朝交通四通八达。又派人开凿灵渠，沟通了湘江和漓江，便利了南北的水运交通，加强了各地的往来。

5. 军事方面：为了抵御匈奴的不断侵扰，秦始皇派大将蒙恬北击匈奴，并修筑西起临洮东到辽东的长城。

6. 思想方面：焚书坑儒。

7. 秦朝的疆域：东至东海，西到陇西，北至长城一带，南达南海，是当时世界上的大国之一。

📖 **知识拓展**

1. 秦始皇巩固统一的措施及影响。

	措施	影响
政治上	创立中央集权制度	在我国沿用了2000多年，对中国历史产生了深远影响
经济上	统一货币、统一度量衡（圆形方孔半两钱）	促进了各地的经济交流，巩固了国家统一
文化上	统一文字（把小篆作为全国规范文字）	促进了各地的文化交流，巩固了国家统一
交通上	车同轨，开灵渠	便利了交通往来，有利于维护国家统一
军事上	北击匈奴修长城	巩固了国家的统一

2. 秦始皇最大的历史功绩是什么？

统一中国，建立起我国历史上第一个统一的多民族的封建制国家。

3. 秦朝在我国历史上起了什么重要作用？

结束了春秋以来诸侯割据混战的局面，开创了统一的新局面。自秦统一后，我国2000

多年的封建社会虽然有的时期出现了割据状态，但统一始终是历史的主流。秦朝是我国历史上第一个统一的多民族的中央集权国家，其专制集权统治制度，在我国沿袭了2000多年，影响十分深远。秦统一文字、货币、度量衡，对我国以后经济、文化的发展和维护国家统一，有极为重要的影响。修筑了著名的万里长城和灵渠等古代工程，彰显了我国人民的勤劳和智慧。

4. 评价秦始皇。

秦始皇的功绩：他重用人才，统一六国，南征越族，北击匈奴，结束了长期诸侯割据的分裂局面，建立起我国历史上第一个统一的多民族的封建制国家，顺应了历史的潮流，符合各族人民的共同愿望。他采取的一系列加强中央集权的政策措施，维护了封建国家的统一，有利于封建经济文化的进一步发展，对后世有深远的影响。

秦始皇的过失：他刚愎自用，拒谏是非。他修建豪华的宫殿（阿房宫等）、陵墓（秦始皇陵）和万里长城，耗费了巨大的财力和物力，加深了人民的苦难。他以刑杀为威（如"焚书坑儒"），极其残暴。因此，他又是历史上有名的暴君。

5. 封建专制主义中央集权制度的建立（秦朝的政治建制示意图）。

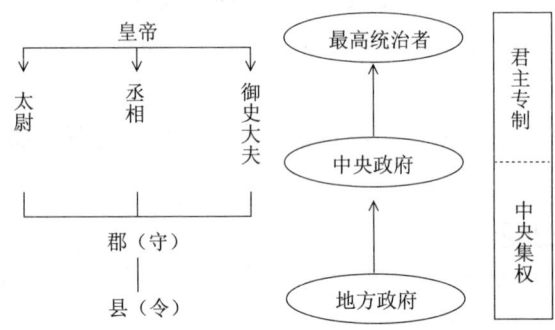

从图中可以看出：图片形象地展示了秦朝中央集权制度的构成。图中高高在上的是皇帝，下设丞相、太尉、御史大夫三大官职，属于皇帝下属的中央政府机构；地方政府自上而下依次是郡和县。地方政府受中央政府管辖，中央政府直接听命于皇帝，所有权力都集中于皇帝一人之手。

（1）特点：中央集权。

（2）影响：加强封建统治；巩固国家统一；为后世历代统治者所沿用。

阅读思考

一、问题思考

想一想，国家统一对各地区、各民族之间的经济、文化交流有什么好处？

在统一环境下，国家能够制定并实施统一的政策与措施，减少阻隔，促进国内各地区、各民族之间经济、文化的交流与发展。

二、材料研读

一法度衡石丈尺。车同轨。书同文字。

——《史记·秦始皇本纪》

想一想，材料中包含了秦始皇巩固统一的哪些措施？这些措施对国家的发展有什么重要意义？

文字材料介绍的是秦始皇统一文字、统一货币、统一度量衡和车轨的措施。文字的统一，使得国家政令的发布和民间文化的交流更加便捷，并直接影响汉字的演进和发展，有利于统一的多民族国家的形成和文化的发展。货币的统一，解决了赋税征收和流通的困难，有利于国家对经济的管理，便利了商品的交换和货物的交流，促进各地经济的交流、发展。度量衡的统一，解决了各地换算之间的困难。统一车辆和道路的宽窄，修筑贯通全国的道路，有利于全国各地交通的顺畅。秦始皇实行一系列巩固统一的措施，有利于巩固统一的多民族国家，有利于经济文化的发展和交流，其进步对后世有深远影响。

三、课后活动

1. 试比较周朝和秦朝的有关制度，填入下表。

项目	周朝	秦朝
最高统治者的称呼	王	皇帝
最高统治者的权力	周天子在名义上是天下共主	总揽全国的一切军政大权
统治地方的方式	分封制	建立郡县制

2. 我国幅员辽阔，各地都有自己的方言。那么，文字上的统一对政治、经济和文化的发展有什么重要的作用呢？请谈谈你的看法。

文字是人类最重要的交际工具。文字的统一，便于国家政令的发布和贯彻执行，有利于政治上巩固统一；文字的统一，有利于各地经济的交流与发展；文字的统一，便于各地文化的交流，并直接影响汉字的演进与发展，有利于中华民族文化的形成与发展。总之，文字的统一对于统一的多民族国家的发展具有深远的积极影响。

第10课　秦末农民大起义

 要点阐释

一、秦的暴政

1. 秦始皇的贡献：完成了统一中国的事业；实行了各项巩固统一的措施；创立了郡

县制等后世沿用的制度。

2. 秦始皇的统治特点：急于求成和暴虐。

3. 秦朝的暴政表现：沉重的赋税（上交三分之二）；繁重的徭役和兵役（修建骊山陵、阿房宫）；刑罚残酷（严苛的法律）；禁锢人们的思想（焚书坑儒）；秦二世的统治更加残暴（赵高"指鹿为马"）。

4. 秦朝暴政的影响：秦朝的暴政使社会经济严重破坏，加重了人民的负担和苦难，激起了人民的反抗。

二、陈胜吴广起义

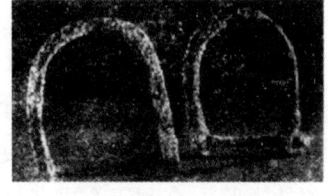

秦代的刑具

1. 爆发的原因：根本原因是秦的暴政，直接原因是陈胜、吴广等人被征发戍边，遇雨误期，按律当斩。

2. 爆发：公元前209年，陈胜、吴广在大泽乡率众起义。

3. 起义方式：农民揭竿而起。

4. 口号："王侯将相，宁有种乎"。陈胜："壮士不死则已，死即举大名耳。王侯将相，宁有种乎?"

5. 经过：公元前209年，陈胜、吴广在大泽乡率众起义，斩木为兵，揭竿为旗。陈胜称王，在陈建立"张楚"政权，向西进攻，直逼咸阳。

6. 结果：由于秦军强大，起义军缺乏后援，最终起义失败，陈胜、吴广相继被部下杀害。

7. 历史意义：陈胜吴广起义是中国历史上第一次大规模的农民起义，他们的革命首创精神鼓舞了后世千百万劳动人民起来反抗残暴的统治。

大泽乡起义

8. 项羽：项羽骁勇善战，在巨鹿之战中以少胜多，大败秦军主力。（成语：破釜沉舟）

9. 刘邦：直逼咸阳，公元前207年，秦朝统治者向刘邦投降，秦朝灭亡。（约法三章）

10. 秦朝灭亡的原因：根本原因是秦朝的暴政。直接原因是农民起义推翻秦朝统治。

三、楚汉之争

1. 楚汉之争：秦朝灭亡后，拥有重兵的项羽自封为西楚霸王，封刘邦为汉王。双方为争夺帝位，展开战争，史称"楚汉之争"。

2. 时间：公元前206—公元前202年（四年楚汉之争）。

3. 双方：项羽和刘邦。

4. 目的：争夺帝位。

5. 结果：刘邦胜利。

6. 刘邦胜利、项羽失败的原因：项羽刚愎自用，一味依赖武力，失去民心；刘邦注重收揽民心，善于用人。根本原因是得民心者得天下，失民心者失天下。

7. 点拨：最后推翻秦朝的是刘邦领导的起义军。相关成语有破釜沉舟、项庄舞剑——意在沛公、楚河汉界、四面楚歌、霸王别姬等。

知识拓展

1. 项羽和刘邦进行的战争性质的变化。

	战争目的	代表阶级	战争性质
秦末农民战争	反抗秦的暴政	农民阶级	农民战争
楚汉之争	帝位之争	封建地主阶级	封建统治阶级内部争夺帝位的斗争

2. 列举秦朝的重大历史事件。

时间	重大事件
公元前 221 年	秦灭六国，秦朝建立
公元前 209 年	陈胜吴广起义（大泽乡起义）
公元前 207 年	巨鹿之战
公元前 207 年	秦朝灭亡
公元前 206 年	楚汉之争开始
公元前 202 年	楚汉之争结束，汉朝建立

阅读思考

一、材料研读

1. 秦简记载："五人共同盗窃，赃物在一钱以上，断去左足，并在脸上刺刻涂墨，判为刑徒。"

这一记载说明秦代的刑法有什么特点？

说明秦朝的刑罚非常残酷。

2. 《史记·高祖本纪》记载，刘邦率军到咸阳后，约法三章："杀人者死，伤人及盗抵罪，余悉除去秦法。"如此，使得秦人大喜，民心安定。后来刘邦在谈到为何能战胜项羽时说：张良、萧何和韩信都是人杰，我不如他们，但是，"吾能用之，此吾所以取天下也。项羽有一范增而不能用，此其所以为我擒也。"

依据材料，归纳刘邦战胜项羽的重要原因。

刘邦重视人才，善于用人，得到萧何、韩信、张良的辅佐。项羽刚愎自用，不重视人才，不采纳范增的意见。

二、问题思考

陈胜、吴广起义与秦朝的施政有怎样的关系？

秦的暴政导致了陈胜、吴广农民起义，陈胜、吴广农民起义是对秦朝暴政的反抗。

三、课后活动

1. 你认为下列秦朝的措施与秦朝速亡有关的有哪些？试在右侧的□中打√。

行郡县制□

统一文字□

焚书坑儒☑

统一货币□

修筑长城☑

强征赋税☑

严刑苛法☑

开拓交通□

修骊山陵☑

2. 想一想，陈胜、吴广领导的起义虽然失败了，但这一起义有什么历史意义？

陈胜、吴广起义是中国历史上第一次大规模的农民起义，沉重地打击了秦王朝的统治，虽然失败了，但他们的革命首创精神鼓舞了后世千百万劳动人民起来反抗残暴的统治。

第 11 课　西汉建立和文景之治

📖 **要点阐释**

一、西汉的建立

1. 西汉建立：公元前 202 年，刘邦建立汉朝，称为西汉，定都长安。刘邦就是汉高祖。

2. 汉初的社会状况及面临的问题。

（1）汉初的社会状况：社会生产遭到严重的破坏，经济萧条。西汉建立之初，到处是残破荒凉的景象。人民流离失所，人口锐减，大片的田地荒芜。当时连皇帝的马车也配不齐毛色相同的四匹马，有些将相出行只能乘牛车，人民得不到温饱。

汉高祖像

（2）原因：秦朝的残暴统治和秦末的战乱（秦末农民战争、楚汉之争）。

（3）面临的首要问题：如何恢复和发展社会生产，巩固新的王朝，成为首要问题。

二、休养生息政策

1. 原因（目的）：为了巩固政权和稳定社会局势，汉高祖汲取秦朝暴政速亡的教训，采取了休养生息的政策。

2. 汉高祖采取的措施：下令"兵皆罢归家"，让士兵还家务农（解甲归田）；将奴婢释放为平民，以增加农业劳动力（释奴为民）。鼓励人民致力农业生产，采取轻徭薄赋的政策，减轻农民的赋税，相应地减免徭役及兵役（轻徭薄赋）。减轻田租，定税率为十五税一。

3. 影响（作用）：汉初的经济逐渐得以恢复和发展，社会局势得以稳定。

三、文景之治

1. 措施。

（1）汉文帝、汉景帝继续实行休养生息政策。

（2）轻徭薄赋：注重农业生产，提倡以农为本，关心农桑，进一步减轻赋税和徭役。把田赋降到三十税一。

（3）减轻刑罚：重视"以德化民"，废除一些严刑苛法。

（4）提倡节俭：提倡勤俭治国，反对奢侈浮华，以身作则。

汉文帝像

2. 表现（治国效果）：政治清明，经济发展，人民生活安定。国力增强，国库钱粮充盈。这一时期的统治局面，历史上称为"文景之治"。

3. "文景之治"：历史上把文帝和景帝统治时期的太平盛世景象称为"文景之治"。

4. 汉兴的原因：统治者汲取了秦亡的教训；汉初的统治者，都勤于政事，轻徭薄赋，发展生产，提倡节俭。

5. 秦亡汉兴的启示：政府要重视民生，以人为本，注意减轻农民的负担。

阅读思考

一、材料研读

《汉书·食货志》记载，西汉刚建立时，"民失作业，而大饥馑。凡米石五千，人相食，死者过半"。

根据材料，说一说当时的社会处于什么样的境况？

由于秦朝暴政以及多年战乱，西汉刚建立时，人民流离失所，大片土地荒芜，饥荒、战乱使人口锐减，社会动荡。

1. 汉文帝时，大臣贾谊上书建议"驱民而归之农，皆著于本"。大臣晁错提出"务民于农桑，薄赋敛"。文帝采纳了他们的建议，提倡以农为本。想一想，为什么要实行以农为本的政策？

一方面，农业是主要生产部门，为当时社会之根本，农业收入是国家主要财源；另一方面，大量土地荒芜，人民处于饥荒状态，国库亏空。为保障人民基本生存、社会安定，必须实行以农为本的政策。

2. 议一议，与秦朝的统治政策相比，汉初实行的休养生息政策对社会的安定和发展有怎样的好处？

能与民休息，安居乐业，提高农民生产积极性，使农业生产逐步恢复起来，促进了其他行业的发展。经济得到恢复和发展，汉朝统治进一步巩固起来。

第 12 课　大一统的汉朝

要点阐释

一、"推恩令"的实施

1. 背景

西汉初，诸侯王势力强大，各自独霸一方，生活骄奢淫逸，政治上甚至公开反抗朝廷派来的官吏；地方上豪强地主，兼并土地，聚敛财富，横行乡里，与官府分庭抗礼。两股势力导致社会秩序混乱，严重威胁中央集权。

2. 措施

"推恩令"	目的	加强中央集权
	提出者	主父偃
	推行者	汉武帝
	内容	下诏允许诸侯王除以嫡长子继承王位外，可将封地再次分封给其他子弟作为侯国，由皇帝制定封号——推恩令
	结果	诸侯王的封地和势力越来越小
其他	措施	武帝又找各种借口削爵、夺地甚至除国，严厉镇压他们的叛乱
	结果	诸侯王从此一蹶不振
建立刺史制度（监察机构）	措施	建立刺史制度（13州部），监视地方官吏、豪强
	结果	禁止地方官吏、豪强及其子弟为非作歹

3. 影响：通过这些措施，中央对地方的控制大大加强。

二、"罢黜百家，独尊儒术"

1. 背景：西汉初年，诸子百家的学说在社会上很流行，许多士人四处游说，依附诸侯王，对抗朝廷。

2. 目的：加强中央集权。

3. 提出者：董仲舒。

4. 措施：接受董仲舒的建议，"罢黜百家，独尊儒术"，把儒家学说 汉武帝像
立为正统思想；汉武帝还在长安兴办太学，以儒家的《诗》《书》《礼》《易》《春秋》作
为教材。

5. 作用：从此，儒学居于主导地位，为历代王朝所推崇，影响深远。

三、盐铁专卖

1. 背景：汉武帝时私人铸币还没有完全禁绝，盐铁经营权也大都握在豪强手中，因
此社会上出现了许多富商大贾，控制了国家重要的经济命脉。这些富豪唯利是图，不关心
国事。

2. 目的：加强朝廷对社会经济的控制，改善财政状况，巩固大一统局面。

3. 措施：收回铸币权，统一铸造五铢钱；盐铁官营；统一调配物资，平抑物价。

4. 作用：使国家的财政状况有了很大改善，为汉武帝许多政策的推行奠定了经济
基础。

5. 汉武帝巩固大一统措施的作用：汉武帝时从政治、思想、经济等方面巩固了大一
统的局面，使西汉王朝开始进入鼎盛时期。

四、北击匈奴

1. 背景：秦末汉初，游牧于蒙古草原的匈奴族在首领冒顿单于的率领下，统一了蒙
古草原，并不断南下袭扰；西汉建立之初，国力疲弱，不得不对匈奴实行"和亲"；经过
"文景之治"西汉强盛起来，开始大举反击匈奴，夺取河套和河西走廊地区。

2. 时间：公元前 119 年。

3. 人物：卫青、霍去病。

4. 战役：漠北战役。

5. 结果：沉重打击了匈奴，再无力与西汉对抗，部分匈奴人开始西迁。

📖 知识拓展

1. 汉武帝加强中央集权的措施（或人一统的表现或巩固统一的措施）。

政治上	颁布推恩令，削弱诸侯王势力；建立刺史制度，监视地方官吏、豪强
思想上	罢黜百家，独尊儒术，把儒家学说立为正统思想；在长安兴办太学
经济上	中央统一铸造五铢钱，实行盐铁官营和专卖；统一调配物资，平抑物价
对外关系	派张骞出使西域，丝绸之路和海上丝绸之路开通

2. 评价汉武帝。

汉武帝是一位具有雄才大略、文治武功的皇帝，是中国历史上一位杰出的政治家。他在位期间，在政治、军事、经济、文化等方面采取了一系列重大措施。政治上，接受主父偃的建议，削弱诸侯国的势力。思想上，采纳董仲舒"罢黜百家，独尊儒术"的建议，把儒家学说立为正统思想。文化上，推行儒学教育，在长安兴办太学。经济上，将地方的铸币权和盐铁经营权收归中央，统一铸造五铢钱，实行重农抑商政策。军事上，派大将卫青、霍去病反击匈奴。这些措施的实施，使中央集权空前加强，大一统帝国得到进一步巩固和发展。汉武帝从政治思想、经济等方面巩固了大一统的局面，使西汉王朝进入了鼎盛时期。汉武帝的过失是好大喜功，而且，连年征战，耗费了巨大钱财。

3. 对比"秦皇"和"汉武"。

秦始皇和汉武帝都是中国历史上有作为的皇帝，秦始皇建立了中国历史上第一个统一的多民族的中央集权国家，汉武帝巩固并推进了大一统的格局，他们的很多措施都促进了中国历史的发展，至今仍有深远的影响。

（1）相似之处：①采取措施加强中央集权，开创和稳固了大一统的局面。秦始皇废分封立郡县，汉武帝颁布"推恩令"。②都采取措施加强思想控制。秦始皇"焚书坑儒"，汉武帝"罢黜百家，独尊儒术"。③都积极北击匈奴。秦始皇派大将蒙恬北击匈奴，收复了河套地区；汉武帝派卫青、霍去病多次打败匈奴。

（2）不同之处：①对待儒家思想的态度截然相反。秦始皇"焚书坑儒"，汉武帝"罢黜百家，独尊儒术"。②执政理念不同。秦始皇行暴政，汉武帝行仁政。

4. 比较汉武帝和秦始皇对儒学的态度。

		汉武帝"罢黜百家，独尊儒术"	秦始皇"焚书坑儒"
不同点	方式	独尊儒术，以儒学为正统	采用法家思想，对其他各家思想进行粗暴破坏
	结果	促进了大一统局面的形成和西汉的兴盛	未能加强其统治，反而加速了其灭亡
相同点	目的	都是为了加强中央集权，维护统治	
	实质	都是思想文化上的专制政策	

5. 汉武帝"推恩令"之分封诸侯与西周分封制的区别。

汉武帝"推恩令"是减少诸侯国的土地，削弱诸侯地方势力，加强中央集权。

西周分封制是给诸侯分封土地，加强诸侯实力，分散中央权力，授予诸侯管理土地、人民的权力，稳定政局，扩大统治范围。

6. 议一议：人们为什么总把"秦皇汉武"并称？

都是我国封建时代重要的君主；都采取了创新的制度来巩固中央集权；这些制度对后世影响巨大，且对封建社会历史起了推动作用；"秦皇汉武"是中国历史上大一统的象征。

一、问题思考

汉武帝在位时，西汉王朝国力强盛，版图拓展。想一想，这与汉武帝强化中央权力有什么关系？

汉武帝即位以后，在思想文化、行政权力和经济等方面采取多种有效措施，消除了诸侯国对抗中央的能力，完全控制了国家的经济命脉，形成了以儒家学说为核心的正统思想，巩固加强了中央集权。在国力强盛的基础上，汉王朝的影响力远达边远少数民族地区，以中原汉文化为核心的汉王朝版图得以拓展。

二、材料研读

当时的农民见经商容易致富，也纷纷弃农经商。《史记·货殖列传》记载："夫用贫求富，农不如工，工不如商，刺绣文不如倚市门。"

想一想，这种状况对国家的经济发展会造成什么影响？

经历了长期战乱后的国家，首要任务就是发展粮食生产。如果农民纷纷弃农经商，就会导致粮食缺乏，进而影响社会稳定。但是长期过度强调重农抑商，也会抑制社会经济发展，产生不良后果。

三、课后活动

1. 试分析西汉初期中央和封国力量对比及解决措施。

（1）封国力量超过中央的力量对比事实反映出西汉初期中央面临什么问题？

封国力量超过中央的力量对比事实反映出在西汉初期分封制度下，诸侯王控制的人口和土地超过了中央政府，威胁到西汉王朝。

（2）汉武帝采取什么措施解决这一问题？

汉武帝采纳主父偃"推恩令"的建议，让诸侯王推及皇家恩德，把土地再分封给自己的子弟。这样，王国的数量大大增加，而管辖的土地和人口越来越少；汉武帝还采取措施取消了许多诸侯王的封国和土地，剥夺他们的爵位，从政治上消除了诸侯国对中央政府的威胁。

2. 请说说秦始皇和汉武帝对儒家的不同态度，《汉代讲经图》中的"经"主要是什么内容？

秦始皇：对敢于评议朝政的儒生以暴力手段坑杀，没有达到统一思想的目的反而激化了社会矛盾；

汉武帝：把儒学立为正统，在京师设立太学培养儒学人才，让他们能够进入仕途成为王朝的维护者。

《汉代讲经图》中的"经"主要是指儒学中的忠君守礼思想，这在以后成为封建正统思想的核心。

第 13 课　东汉的兴亡

一、光武中兴

1. 西汉的灭亡：公元 9 年，王莽夺权，建立新朝，西汉灭亡。

2. 东汉建立：公元 25 年，刘秀（光武帝）称帝，定都洛阳，史称东汉。

3. 光武中兴出现的原因（光武帝巩固统治的措施）：光武帝多次下令释放奴婢，减轻农民的负担，减轻刑罚；合并郡县，裁减冗官，加强对官吏的监督，惩处贪官污吏；允许北方少数民族内迁，缓和民族矛盾。

4. 影响：社会比较安定，经济得到恢复和发展，史称"光武中兴"。

二、外戚宦官交替专权

1. 原因：东汉中期后，继位的皇帝大多年幼，不能主政，太后临朝。

2. 特点：外戚宦官轮流把持朝政，任用亲信，诛杀异己，导致政治腐朽不堪，正直的官员受到排挤陷害，社会混乱，人民遭殃。

3. 影响：外戚宦官交替专权恶性循环，动摇了东汉统治，东汉王朝走向衰亡。

三、黄巾起义

1. 背景（原因）：东汉后期朝政腐败，时局动荡，贫民流离失所，自然灾害频繁发生，人民不能忍受黑暗统治，反抗情绪在民间蔓延。

2. 爆发：张角创立太平道，发展信徒数十万。184 年，经过精心策划，张角领导的黄巾起义爆发。起义军在全国向东汉王朝发动猛烈进攻，腐败的东汉政府迅速处于土崩瓦解境地。

3. 性质：一场有组织、有准备的农民大起义。

4. 结果：在东汉军队的残酷镇压下，黄巾军受到重挫，损失惨重，起义首领张角因病去世，历时 9 个月的黄巾起义最终被镇压下去。黄巾起义主力虽然失败，但其余部坚持斗争了 20 多年。

5. 影响：这次农民起义，沉重打击了东汉统治，使其一蹶不振。

6. 比较秦末陈胜、吴广起义和东汉末年黄巾大起义。

不同点		秦末陈胜、吴广起义	东汉末年黄巾大起义
	时间	公元前 209 年	184 年
	领导人	陈胜、吴广	张角
	口号	"王侯将相，宁有种乎"	"苍天已死，黄天当立，岁在甲子，天下大吉"
	特点	中国历史上第一次农民大起义	一场有组织、有准备的农民大起义
	主要原因	秦的暴政，赋税、徭役沉重，刑罚残酷，统治黑暗	外戚宦官交替专权，政治腐败，灾荒连年，社会动荡
相同点		都属于农民起义，都沉重打击了当时的黑暗统治，但结果都失败了	

阅读思考

一、材料研读

汉顺帝末年，京都流传一首童谣："直如弦，死道边；曲如钩，反封侯。"

这首童谣反映了当时什么样的政治状况？

童谣鲜明地勾勒出跋扈将军梁冀骄横统治下的社会不公；刚正不阿者，冤死于道旁；心术不正者，反而升官封侯，享尽荣华富贵。它反映了东汉末年政治腐败、社会混乱的政治状况。

二、课后活动

1. 下表列出了东汉后期 10 个黄帝的即位年龄及寿命。

皇帝	和帝	殇帝	安帝	顺帝	冲帝	质帝	桓帝	灵帝	少帝	献帝
即位年龄	10	1	13	11	2	8	15	12	14	9
寿命（岁）	27	2	31	30	3	9	36	34	14	54

算一算，这些东汉皇帝即位时的年龄平均是多少？它们的平均寿命是多少？

东汉后期 10 个皇帝即位时的年龄平均为 9.5 岁，平均寿命 24 岁。

2. 阅读材料并回答问题。

《后汉书·黄埔嵩传》记载，黄巾起义爆发后，起义军，"燔烧官府，劫略聚邑，州郡失据，长吏多逃亡。旬日之间，天下向（响）应，京师震动。"

想一想，为什么黄巾起义会得到天下响应？

外戚和宦官争权夺利，肆意搜刮，天灾人祸不断，人民已被逼向死亡的边缘。

第 14 课　沟通中外文明的"丝绸之路"

要点阐释

一、张骞通西域

1. 西域：汉代人把甘肃玉门关和阳关以西，今新疆地区和更远的地方称为西域。

2. 张骞第一次出使西域。

（1）时间：公元前 138 年。

（2）目的：联络大月氏，共同夹击匈奴。

（3）意义：了解了西域的情况，以及他们想和汉朝往来的愿望。

张骞拜别汉武帝出使西域图
（敦煌壁画）

3. 张骞第二次出使西域。

（1）时间：公元前 119 年。

（2）目的：为了加强与西域各国的联系。

（3）意义：促进了汉朝与西域之间的相互了解与往来。

4. 张骞通西域总体意义：张骞出使西域，开辟了通往西域的道路，加强了汉朝与西域各国的联系，为"丝绸之路"的开辟奠定了基础。

5. 张骞在"开西域之迹"的过程中会遇到的艰难险阻：恶劣的自然环境，两次被匈奴扣押等。

6. 张骞优秀的品质：具有坚强的意志，不怕牺牲、不畏艰难险阻的精神，忠于祖国、信守承诺、不辱使命。

7. 张骞在历史上的贡献：张骞出使西域，促进了内地和西域的经济文化交流，丰富了汉族人民和西域各族人民的生活；为开辟"丝绸之路"这条东西方通道奠定了基础；为以后中央对新疆地区实施有效管辖奠定了基础。总之，张骞是我国历史上为巩固统一的多民族国家，沟通西域和内地联系，促进中西方交往作出了巨大贡献的杰出人物。

8. 张骞两次出使西域。

	第一次出使西域	第二次出使西域
背景	西汉前期，匈奴残酷压迫和掠夺西域各族，匈奴从西域不断向中原发动进攻，汉王朝十分被动	对匈奴的战争获得重大胜利
目的	联络大月氏夹击匈奴	为了加强与西域各国的联系
出发时间	公元前 138 年	公元前 119 年
结果	未完成联络大月氏的任务	沟通了西汉与西域的联系，双方的经济文化交流开始了
意义	了解了西域的情况，以及西域各国想与汉朝往来的愿望	促进了汉朝与西域之间的相互了解与往来

二、丝绸之路

1. 陆上丝绸之路。

（1）形成时间：张骞开辟通往西域的道路后。

（2）路线：长安→河西走廊→西域→中亚、西亚→欧洲。这条沟通欧亚的陆上交通道路，就是著名的"丝绸之路"。

（3）交往交流：西域的良种马、香料、玻璃、宝石等物品，葡萄、石榴、核桃、苜蓿等植物，以及多种乐器和歌舞传入中原。汉朝的丝绸、漆器等物品，以及铸铁、开渠、凿井等技术传到西域。

（4）作用：①丝绸之路是古代东西方往来的大动脉，是东西方经济文化交流的桥梁（地位）。②有力地促进了东西方贸易与文化的交流发展，对促进汉朝的兴盛产生了积极影响。③密切了汉族与沿途其他少数民族之间的关系，促进了我国西北地区的开发和发展。

2. 海上丝绸之路。

（1）背景：汉武帝还大力开辟海上交通，汉朝先后开辟了许多条海上航线。

（2）航线：①从山东沿海出发的船只穿过黄海，可到达朝鲜、日本。②更重要的一条航线是从东南沿海港口出发，经中南半岛南下，绕过马来半岛，穿过马六甲海峡，通往孟加拉湾沿岸，最远抵达印度半岛南端和斯里兰卡。中国的丝绸等物品经过这条航线再转运到欧洲地区，因此这条航线被称为"海上丝绸之路"。

（3）路线：中国东南沿海港口→中南半岛→马来半岛→马六甲海峡→孟加拉湾沿岸→印度半岛南端、斯里兰卡。

三、对西域的管理

1. 西汉时期西域都护的设置。

（1）设置机构：公元前60年，西汉政府设立西域都护，作为管理西域的最高长官，管辖西域36国，都护府设置在乌垒城（今新疆轮台）。

（2）职责：西域都护颁行汉朝的号令，调遣军队，征发粮草，对西域地区进行有效管辖。

（3）意义：西域都护的设置，标志着西域开始正式归属中央政权，其管辖范围包括今新疆及巴尔喀什湖以东、以南的广大地区。

2. 东汉时期（班超经营西域）。

（1）背景：西汉末年，匈奴重新控制了西域，汉朝与西域往来中断。东汉明帝时，派兵出击匈奴，并派班超出使西域。

（2）成就：班超克服困难，使西域各国重新与汉朝建立联系。他得到了西域各国的信任，长期留守西域。班超在西域期间，还派甘英出使大秦（即罗马帝国）。甘英到达安息（在伊朗高原和两河流域）后受阻，未能继续前行，但此行开辟了通往西亚的道路。班超经营西域30多年，到71岁时才回到中原，不久便去世了。

（3）发展：班超的儿子班勇继承父业，再次出使西域。

一、问题思考

张骞曾两次被匈奴抓住，被扣留了十多年，但他仍坚持完成使命。他的这种精神对我们有什么启示？

我们应当学习张骞不屈不挠、勇于探索和开拓的精神，在学习和工作中不畏险阻，勇于开拓进取，报效祖国。

二、材料研读

《汉书·张骞传》载："然骞凿空，诸后使往者皆称博望侯，以为质于外国，外国由是信之。"

想一想，为什么说张骞出使西域的举动是"凿空"呢？

古代称对未知领域的探险为"凿空"，张骞第一次开辟出中原通往西域的道路，中原王朝和西域各国有了第一次友好往来，所以称为"凿空"。

三、课后活动

1. 想一想，张骞通西域有什么重要的历史意义？

一方面促进了汉朝与西域各民族的友好往来，密切了汉朝与西域的联系，汉朝设立了西域都护，对西域地区进行有效管辖；另一方面开辟了丝绸之路，促进了东西方经济文化的交流。

2. 通过丝绸之路传入中原的物品为什么都以"胡"字命名呢？你知道它们现在的名字吗？你还能想出一些以"胡"字命名，而且是从西域传入内地的东西吗？

"胡"在中国古代泛指北方或西方的少数民族或外国人。这些食物以"胡"字命名，正说明它们最初是通过丝绸之路传入中原地区的。以"胡"字命名，从西域传入内地的东西还有胡椒、胡萝卜等。

第 15 课　两汉的科技与文化

要点阐释

一、造纸术的发明

1. 书写材料的变化：纸问世之前，古人把文字刻画书写在甲骨和简帛上面，或铸刻在青铜器物上面。秦汉时期的公文往来、私人书信以及典籍等都用简帛写成。简用竹木制成，分量很重；帛虽然轻，但价格昂贵，人们使用起来受到很大限制。

2. 纸的发明：西汉时期已懂得造纸基本方法，陕西西安、甘肃天水等地多次发现西汉麻纸，证明西汉时期已生产纸。

3. 改进。

(1) 时间：东汉。

(2) 人物：**蔡伦**。

(3) 造纸原料：树皮、破布、麻头、旧渔网。

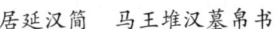

居延汉简　马王堆汉墓帛书

(4) 蔡侯纸的特点：原料容易找到、便宜，质量也提高了。

4. 造纸术的贡献（或意义）：此后纸的使用日益普遍，逐渐取代简帛，成为人们广泛使用的书写材料，也便利了典籍的流传。

世界各国的造纸术大都是从中国辗转流传过去的。造纸术的发明，是中国对世界文明的伟大贡献之一。

二、张仲景和华佗

1. 张仲景。

(1) 成就：东汉**张仲景**写成《**伤寒杂病论**》。这部著作发展了中医学的理论和治疗方法，总结了各种疾病的征候，提出在诊断上要辨证分析病情，然后对症治疗；还提出"治未病"理论，提倡预防疾病。

(2) 地位：张仲景是中医临床理论体系的开创者，为中医药学发展作出了巨大贡献。他医术精湛、医德高尚，被后世称为"**医圣**"。

张仲景像

2. 华佗。

东汉医学家**华佗**，不仅擅长用针灸、汤药为人治病，而且能实施外科手术。他发明了"**麻沸散**"，创造出"**五禽戏**"，这是世界医学史上的创举。

三、历史巨著《史记》

1. 作者：**司马迁**（西汉）。

2. 主要内容：《史记》记述了从传说中的黄帝到汉武帝时约3000年的史事。

3. 地位：《史记》是我国第一部纪传体通史。

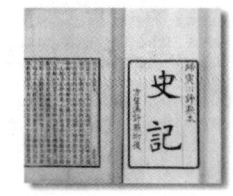

《史记》书影

4. 评价《史记》。

(1) 史学成就：《史记》是我国第一部纪传体通史，成为后世纪传体史书的典范。

(2) 文学成就：《史记》文笔优美、语言生动，刻画人物形象生动，是一部优秀的文学著作。

5. 《史记》评价历史人物的方法：实事求是。例如，肯定陈胜、吴广起义，指斥暴君、酷吏，大胆评论汉武帝的功过等。

6. 司马迁能够写出《史记》的原因：汉武帝时国家的安定繁荣为司马迁写作提供了社会条件。就司马迁个人来讲：博览群书，完成父愿，寻访史迹，搜集资料，坚韧不拔，奋笔疾书。

7. 鲁迅对《史记》的评价："史家之绝唱，无韵之《离骚》。"既是史学巨著（纪传体史书典范），又是一部优秀的文学作品。

四、道教和佛教

1. 道教。

（1）背景：东汉末年，极度苦难的人民需要寻找精神上的寄托，为道教的兴起提供了土壤。

（2）创立：张角创立太平道，尊奉黄帝和老子，也吸收了社会上流行的一些神仙方术。在汉中、巴蜀地区还有张陵创立的五斗米道，太平道和五斗米道在教义传播方式上相似，受到下层民众的追捧。

2. 佛教。

（1）产生：佛教是世界三大宗教之一，产生于公元前6世纪的印度。

（2）创始人：乔达摩·悉达多，又称释迦牟尼。

（3）传入：张骞通西域后，佛教通过丝绸之路传入中国，东汉明帝时，佛教逐步在社会上传播开来。

（4）影响：佛教的传入，丰富了中国文化，在社会、思想、文学以及建筑、雕刻、绘画等方面产生了深远影响。

3. 我国两汉时期的科技文化之所以昌盛的原因。

国家统一；经济发展；各民族共同创造；中外交往频繁。

阅读思考

一、材料研读

1. 《后汉书·蔡伦传》记载蔡伦改进造纸术后："元兴元年奏上之，帝善其能，自是莫不从用焉，故天下咸称'蔡侯纸'。"

查查看，元兴元年是公元哪一年？

中国历史上有好几个年号为元兴的。105—106年，东汉和帝刘肇，第二个年号元兴，用了9个月；264—265年，三国东吴末帝孙皓，年号元兴；402—404年，东晋，晋安帝司马德宗，年号元兴。显然，这里的元兴元年，指的是105年。

2. 人固有一死，或重于泰山，或轻于鸿毛。

——司马迁《报任少卿书》

想一想，司马迁这句名言的含义是什么？

人总会死，有的人死得比泰山还重，死得其所，有价值；有的人死得比羽毛还轻，无足轻重，没有意义。（注释：固：本来。或：有的人。重于：重量相比。泰山：山东泰安的泰山，五岳之一，比喻伟大。鸿毛：鸟的羽毛，比喻渺小。）

二、问题思考

司马迁曾遭到关押，又受到酷刑，而他在命运的灾难面前却坚韧不拔地写出了历史巨著。他的这种精神对我们有什么教育意义？

面对艰难挫折、身心摧残，毫不畏惧的精神；为了理想和正义，坚韧不拔的顽强意志。

三、课后活动

1. 华佗的"五禽戏"模仿的是哪五种动物的动作？

虎、鹿、熊、猿、鸟。

2. 想一想，纸的发明给社会文化和人们的生活带来了哪些好处？

（1）造纸术的发明是中国古代最伟大的发明之一，也是人类文明史上一项最杰出的成就。文字发明后，需要一个好的载体来记载，显然过去的甲骨、金石、简帛都有很大的缺陷。纸的出现，是人类文明的基础，它作为一种新的信息载体在中国率先出现，使中国汉代的文明勃兴超过了其他的文明。晋代盛行的读书、抄书和藏书之风都得益于纸的普及和推广。抄经热、藏书热和因传抄左思《三都赋》而出现的洛阳纸贵，都是纸普及后出现的前所未有的景观。

（2）纸的发明及应用，对社会历史的记载与保存，对文化思想的交流与传播，发挥了极其重要的作用。它方便人类记录信息，使人类以更方便、更经济的方式传播知识。纸的发明，极大地促进了人类科技文化乃至经济社会的发展。

（3）有利于解决人类清洁卫生问题和文明习惯的养成。

3. 东汉班固写的《汉书·司马迁传》中，称赞《史记》是"其文直，其事核，不虚美，不隐恶，故谓之实录"。请解释一下这段话的意思。

其文直——文章直白。其事核——所记载事情都准确无误。不虚美——不凭空加以赞美。不隐恶——不掩饰坏的事情。故谓之实录——因此称它为符合实际的记载。

第四单元　三国两晋南北朝时期：政权分立与民族交融

体系构建

三国两晋南北朝时期：政权分立与民族交融

- 政权分立
  - 三国鼎立
    - 官渡之战，200 年
    - 赤壁之战，208 年
    - 形成
      - 220 年，曹丕建立魏国
      - 221 年，刘备建立蜀汉
      - 229 年，孙权建立吴国
    - 三国经济的发展
  - 两晋
    - 西晋的建立：265 年，司马炎称帝
    - 八王之乱：西晋从此衰落
    - "十六"国和前秦的强大
    - 东晋的灭亡，淝水之战，383 年
  - 南北朝
    - 南朝：宋、齐、梁、陈
    - 北魏的建立和统一北方
- 民族交融
  - 北方游牧民族内迁：匈奴、鲜卑、羯、氐、羌
  - 江南地区的开发：原因、表现
  - 北魏孝文帝改革
    - 背景
    - 内容
      - 迁都洛阳
      - 汉化政策
    - 作用：促进民族交融
  - 北方地区的民族交融
- 科技文化
  - 贾思勰和《齐民要术》
  - 科学家祖冲之和圆周率
  - 书法：王羲之和《兰亭集序》
  - 绘画：顾恺之和《女史箴图》《洛神赋图》
  - 雕塑：云冈石窟和龙门石窟

第 16 课　三国鼎立

要点阐释

一、官渡之战

1. 背景：东汉末年，北方军阀长期割据混战，社会生产遭到严重破坏。

2. 概况。

（1）时间：200 年。

（2）作战双方：袁绍与曹操。

（3）结果：曹操以少胜多，大败袁军。

（4）影响：为曹操统一北方奠定了基础。

3. 官渡之战曹胜袁败（曹操统一北方）的原因。

（1）曹操胜：政治上，迎接汉献帝到许都，招揽人才，挟天子以令诸侯。经济上，实行屯田，恢复农业生产，解决流民生计，筹措军粮。用人上，曹操重视用人，招贤纳士。军事上，曹操军事才能出众。

（2）袁绍败：骄傲轻敌，听不进去正确意见。

二、赤壁之战

1. 背景：曹操基本上统一了北方，想要进一步统一全国。

2. 概况。

（1）时间：208 年。

（2）作战双方：曹操与孙刘联军。

（3）结果：孙刘联军以少胜多，大败曹军。

（4）影响：为三国鼎立局面形成奠定了基础。

3. 赤壁之战曹操失败的原因。

（1）孙刘联军：组成联军，战略得当；采用火攻，战术得当；利用气候、地理条件。

（2）曹操：官兵来自北方，不习水战，水土不服；因实力强大而骄傲自满；松懈、轻敌；战术失误。

三顾茅庐

三、三国鼎立

1. 三国鼎立局面的形成。

国号	时间	都城	开国君主
魏	220 年称帝	洛阳	曹丕
蜀汉	221 年称帝	成都	刘备
吴	229 年称帝	建业（南京）	孙权

2. 对三国鼎立局面的评价：形成局部性统一，有利于社会安定、经济发展，为西晋大一统创造了条件。

3. 发展概况：三国统治者都注意发展生产。

（1）曹魏重视兴修水利，北方生产迅速恢复和发展起来。

（2）孙吴开发江东，造船业发达，发展了海外贸易。230 年，孙权派大将卫温率船队到达夷州（台湾），加强了内地和台湾地区的联系。

（3）蜀汉在诸葛亮的治理下，发展经济，改善民族关系，加速西南地区的开发。

4. 三国鼎立局面形成的原因。

直接原因：赤壁之战。

根本原因：魏、蜀、吴三国经济、军事实力势均力敌，缺乏统一全国的经济基础。

地理原因：地理形势造成了三国的相对隔绝。

经济因素：三国的经济发展为三国的存在打下坚实的物质基础。

军事因素：赤壁之战说明三方各自的军事实力不足以消灭其他势力。

5. 三国鼎立局面的形成是历史的进步还是倒退？

进步。三国鼎立局面的出现，是由分裂走向统一的过渡，是历史的进步。这种局部统一较之东汉末年众多军阀割据混战的状况前进了一步，也为后来的全国统一准备了条件。三国鼎立时期，各国统治者都不满足于偏安一隅的现状，都力图打破均势，统一全国。因此，各国都重视发展生产，整顿政治。这一时期，我国在政治、经济、军事和文化等方面均有较大成就。

知识拓展

1. 评价曹操。

曹操是我国古代杰出的政治家、军事家和诗人。他广罗人才，统一了北方，结束了北方分裂割据的局面，有利于北方经济的恢复和发展，也为西晋的统一奠定了基础。他的这些做法符合人民的愿望，顺应历史的潮流。但他有狡诈、多疑、滥杀无辜的残暴本性。比如，杀华佗、孔融、杨修等；攻打陶谦时，杀男女数万口。

2. 比较官渡之战与赤壁之战。

	官渡之战	赤壁之战
时间	200 年	208 年
作战双方	袁绍与曹操	曹操与孙刘联军
战争特点	以少胜多	以少胜多
结果	曹操胜利	曹操失败
作用	为曹操统一北方奠定了基础	为三国鼎立局面形成奠定了基础
启示	决定战争胜负的关键不仅看力量强弱，还要看战略战术是否得当；不能骄傲轻敌，要适时出击，虚心接受好的建议等才能取胜	

3. 学习三国历史的启示。

骄兵必败，兵力的多少并不是决定战争胜负的关键因素。战争会给人民带来灾难，我们要反对战争，热爱和平。历史上的人物是历史的真实，而文艺作品中的人物含有虚构的成分。评价历史人物一定要客观公正，要一分为二地看待，要看他的主流，看他是否推动了社会历史的发展。在中国历史发展的过程中，分裂只是暂时的。天下大势是分久必合，统一是历史发展的必然趋势。

阅读思考

一、问题思考

明朝人罗贯中写的小说《三国演义》，在描写赤壁之战时有"蒋干盗书""孔明草船借箭""周瑜打黄盖""诸葛亮借东风"等情节。但这些脍炙人口的故事却不见于史书记载，你如何看待这种不同？

《三国演义》是一部历史题材的小说，其中作者为了增加小说的趣味性，会适当地进行一些文学创作，这些内容当然不会见于史书记载。但是，这些内容在另一方面让我们对这段历史有了更加深刻的认识，也有助于我们理解某些史实。我们既要将三国历史和《三国演义》有机结合，又应还历史的真实性。例如，对曹操的评价，历史上的曹操统军 30余年，但手不释卷，登高必赋，长于诗文、草书、围棋；生活节俭，不好华服。但是，《三国演义》中曹操却被描写成反面人物的代表。

二、课后活动

1. 阅读曹操的诗句，回答问题。

（1）白骨露于野，千里无鸡鸣。生民百遗一，念之断人肠。

——《蒿里行》

诗中所描绘的是怎样的景象？为什么会出现这样的状况？

《蒿里行》描绘了东汉末年经济凋敝、人口减少和百姓生活困苦的社会现实。原因在于东汉末年州牧郡守拥兵割据、战乱不断。

（2）老骥伏枥，志在千里；烈士暮年，壮心不已。

——《龟虽寿》

诗中的"壮心"指的是什么？他实现了吗？原因又是什么？

《龟虽寿》诗中"壮心"指的是曹操想要统一全国的愿望。最终曹操并没有实现这一愿望。因为随着刘备、孙权势力的上升和赤壁之战中曹操的失败，最终形成的是三分天下的局面。

2. 官渡之战和赤壁之战都是中国古代以少胜多的著名战役。议一议这两个战役胜败的主要因素是什么。

这两个战役胜败的主要原因在于交战双方的战略战术、指挥者心态等方面。

人的因素：要谦虚谨慎，骄傲必败；要重用人才，团结一切可以团结的力量；要采取正确的战略战术。

自然因素：学会充分利用自然有利条件。

第17课　西晋的短暂统一和北方各族的内迁

要点阐释

一、西晋的建立

1. 背景：三国后期，魏国实力增强，吴、蜀两国日益衰落。263 年，魏灭蜀。曹魏中期，太尉司马懿参与辅佐新即位的小皇帝。不久，司马懿逐渐控制了魏国的军政大权。司马懿死后，他的两个儿子相继专权，魏国皇帝形同虚设。

2. 三国灭亡顺序：蜀、魏、吴。

3. 建立：265 年，司马炎建立西晋，定都洛阳。司马炎就是晋武帝。

4. 统一：280 年，西晋灭吴，统一了全国。

5. 政权特点：很多大地主、大贵族在治国方略上缺乏雄才大略，政治上昏庸腐朽，生活上以腐化奢侈为荣，追求享乐。

6. 衰落（转折点）：晋惠帝时发生"八王之乱"，西晋迅速走向衰落。

7. 灭亡：316 年，内迁的匈奴人灭掉西晋。

8. 西晋短暂统一，是一个短命王朝的原因：西晋统治集团腐朽，晋惠帝智力低下。"八王之乱"削弱了统治力量。对人民的残酷剥削和压迫，激化阶级和民族矛盾。各族人民纷纷掀起反晋斗争。

二、八王之乱

1. 背景（原因）。

（1）晋武帝大封同姓诸王，且派遣诸王据守州郡重镇——诸王手握重兵且掌管民事，势力强大。

（2）西晋统治腐朽，向内迁各族人民收取重税，征兵派役等暴政激起内迁各族人民强烈反抗，起兵反晋。

2. 根本原因：西晋统治者昏庸腐朽。

3. 爆发：晋惠帝在位时，手握重兵的八个封王为了争夺中央政权，先后起兵，相互混战。史称"八王之乱"。

4. 性质：西晋皇族为争夺中央政权而进行的混战。

5. 影响：这场内乱对社会造成巨大灾害。西晋迅速走向衰落。中原人口大量死亡，幸存者纷纷逃离，其中往南方的即数以十万计，形成我国古代历史上的第一次大规模的人口迁徙高潮。

三、北方游牧民族的内迁

1. 时期：东汉、魏、晋时期。

2. 路线：氐族和羌族，由西南东迁入陕西关中；匈奴族和羯族，由北向南迁到山西一带；鲜卑族迁到辽宁、陕西及河套地区。

3. 结果：西晋时，山西、陕西内迁的各族人口，已经占当地总人口的一半。

4. "五胡"内迁：匈奴、鲜卑、羯、氐、羌。

5. 十六国。

（1）十六国：西晋灭亡后，从4世纪初到5世纪前期，北方各族先后建立15个政权，连同西南的成汉，称为十六国。

（2）前秦的建立：4世纪后期，氐族人苻坚建立前秦，他任用汉人王猛为相，锐意改革，迅速强大，统一了黄河流域。

（3）前秦改革措施：整顿吏治，厉行法治，加强集权，招抚流民，减赋禁奢，还大力兴办学校，提倡儒学。

📖 阅读思考

一、材料研读

西晋人鲁褒作《钱神论》讥讽道：钱被奉为神物，"无德而尊，无势而热，排金门而入紫闼。危可使安，死可使活，贵可使贱，生可使杀。凡今之人，惟钱而已!"还说钱"为世神宝。亲之如兄，字曰'孔方'"。文章问世后，广为传诵，"孔方兄"一词，也成了"钱"的同义语。

这则材料说明了当时什么样的社会风气？

这则材料说明，在大地主、大贵族当权的背景下，社会上下道德沦丧，唯利是图，享乐之风盛行。

二、问题思考

想一想，西晋政权的短命与实行分封诸王有什么关系？

"八王之乱"的发生与西晋实行分封制是有关系的。我们可以从以下两个方面理解，一方面，从制度层面上讲，西晋大封同姓诸王，虽然在一定程度上捍卫了西晋王室，但是同时也埋下了诸侯王实力过大，威胁中央统治的隐患；另一方面，从具体实施过程来看，晋武帝时期陆续派遣诸侯王据守州郡重镇，即"移封就镇"，诸侯王手中的政治、经济和军事权力都得到了大大的提升，势力也日益壮大，为其叛乱提供了充分的条件。当然，对于这个问题，我们也要认识到西晋复杂的社会矛盾和迟钝昏庸的晋惠帝，也是"八王之乱"发生的原因。

三、课后活动

1. 在东晋以前，还有哪些朝代实行过分封诸王？想一想，分封诸王对中央政权的统治会造成什么危害？

西周、东周、汉朝，都曾经实行过分封制。分封制之下，受封诸王获得土地和人口，作为交换，他们也有保卫王畿、保护国君、缴纳贡赋等义务。但是，由于各诸侯王在封地内拥有绝对的统治权而成了大大小小的独立王国。在一定条件下，这些王国势力逐步壮大，直接或间接威胁国君的安全，酿成诸王争霸，征战不断。国君势力衰微，甚至大权旁落，最终导致国家分裂，人民也陷于混战之中，阻碍社会经济发展。因此，分封制会威胁中央集权统治。

2. 据西晋的一些史料记载，内迁的少数民族主动认同中原地区的历史和文化，如鲜卑说自己是黄帝之子的后裔，匈奴的铁弗部自称是大禹的后代。议一议，这些少数民族认为自己与汉族同祖同宗说明了什么？

为了证明统治地位的正统性与合法性，便于加强对中原地区进行有效的统治。

第 18 课 东晋南朝时期江南地区的开发

要点阐释

一、东晋的兴亡

1. 东晋的建立：317 年，司马睿建立东晋，定都建康（南京），史称东晋。

2. 政权特点：王与马，共天下。

司马睿和南下的北方山东大贵族王导交往密切，他当皇帝，得益于王导为首的南北大贵族拥戴。司马睿政治上依靠王导，军事上依靠王导的堂兄王敦。王氏其他子弟也都得到不同程度的重用。司马睿举行即位大典时，居然邀请王导共坐御床，时人称之为"王与马，共天下"。

3. 收复失地：东晋初期，多次北伐，曾收复黄河以南的部分地区。因东晋朝廷对北方将领心存疑虑，多加牵制，使北伐缺少后援，最终未能恢复中原。

4. 兴盛：东晋在淝水之战中战胜前秦，结束了来自北方的威胁。统治局面相对稳定，社会经济得到发展，江南出现"荆扬晏安，户口殷实"的景象。

5. 衰落：东晋末年，政权落入武将手中。

6. 灭亡：420 年，东晋灭亡。

7. 两晋南朝简表。

朝代		建立者	时间	都城
西晋		司马炎	265—317 年	洛阳
东晋		司马睿	317—420 年	
南朝	宋	刘裕	420—479 年	建康
	齐	萧道成	479—502 年	
	梁	萧衍	502—557 年	
	陈	陈霸先	557—589 年	

二、南朝的政治

1. 南朝：420—589 年，中国南方政权更替频繁，相继出现宋、齐、梁、陈四个王朝。这些王朝都在建康定都，历史统称为"南朝"。

2. 兴盛：宋是南朝疆域最大的朝代，宋武帝、宋文帝在位的 30 余年时间里，赋轻役稀，江南民殷国富，社会比较安定。

3. 衰落：南朝时，镇守地方的贵族和将领势力很大。梁武帝萧衍起兵夺取帝位后，放纵皇室成员和官僚大地主盘剥平民百姓，政治日益败坏。后来发生了大规模叛乱，建康失守，江东最富庶的地区遭到烧杀抢掠，导致千里绝烟，人迹罕至。从此，在南北实力对比中，南朝处于明显劣势。

三、江南地区的开发

1. 原因。

（1）大量北方人民纷纷南迁，给江南地区输送了大量的劳动力，也带来了中原先进的生产工具和生产技术。（最主要的原因）

（2）江南地区战争相对较少，社会秩序比较安定。

（3）南方雨量充沛，气候较热，土地肥沃，具有发展农业的优越条件。

（4）经过南北方劳动人民的共同努力，南方得到了迅速的开发。

2. 江南地区开发的表现。

行业	表现
农业	①开垦荒地，耕地面积不断增加，兴修水利工程；②农业生产技术改进，包括推广和改进犁耕，实行精耕细作，以及推广选种、育种、田间管理和施用粪肥等比较先进的生产技术；③水稻由原来的直播变成育秧移栽，普遍实行了麦稻兼作，五岭以南地区还种植了双季稻，粮食产量有了很大的提高；④种桑养蚕、培植果木、种植药材，实行农业多种经营
手工业	手工业快速进步。缫丝、织布、制瓷、冶铸、造船、造纸、制盐等都有显著的发展
商业	商业发展，城市繁荣。南朝时的建康（南京）人口众多，成为最为活跃的大都市

3. 影响：江南地区的开发对我国经济产生了深远的影响，南方经济迅速发展，为我国经济重心的逐渐南移奠定了基础。

阅读思考

一、材料研读

《晋书·食货志》记载东晋后期南方的情形是："天下无事，时和年丰，百姓乐业，谷帛殷阜，几乎家给人足矣。"

想一想，当时南方社会经济发展的原因是什么？

南方社会经济发展的原因主要有三点：首先，由于北方战乱，大批北方人民为躲避战祸南下，为江南地区输送了大量的劳动力，同时也带去先进的生产工具和生产技术。其次，当时江南地区较安定，统治者也重视发展经济。最后，江南优越的自然条件，为其发展提供了有力保障。

二、课后活动

阅读材料，并回答问题。

材料一：楚越之地，地广人希（稀），饭稻羹鱼，或火耕而水耨……无积聚而多贫。

——《史记·货殖列传》

材料二：江南之为国盛矣……地广野丰，民勤本业，一岁或稔，则数郡忘饥。……渔盐杞梓之列，充仞八方；丝绵布帛之饶，覆衣天下。

——《宋书》

对比一下，《史记》与《宋书》中对江南地区的描述有什么不同？

《史记》中的江南尚未开发，地广人稀，生产水平落后，商业不发达。

《宋书》中描述了江南开发后的景象，物产丰富，粮食产量高，手工业发达。

第 19 课　北魏政治和北方民族大交融

要点阐释

一、淝水之战

1. 背景：南北对峙形势：①南方：司马睿重建晋朝，都城在建康，史称"东晋"。②北方：氐族人苻坚建立的前秦政权，统一了黄河流域。

2. 概况。

（1）大战时间：公元 383 年。

（2）作战双方：前秦与东晋。

（3）结果：东晋以少胜多，大败前秦。

3. 淝水之战的影响：淝水之战以后前秦很快土崩瓦解，北方再度陷入分裂和混战的状态。东晋取得暂时稳定，为经济发展提供了有利条件。

4. 淝水之战苻坚失败的原因及启示。

（1）从前秦方面看：苻坚骄傲轻敌；前秦军队内部有民族矛盾，军心不齐，指挥不当，战线过长。

（2）从东晋方面看：东晋团结一致，不畏强敌，奋勇抗战，指挥得当。

（3）启示：决定战争胜负的关键不是力量的强弱，而是人心向背、战术得当等；民族团结、内部团结对于一个政权的成败具有重大意义。

5. 与淝水之战有关的成语或典故：投鞭断流、草木皆兵、风声鹤唳。

6. 同淝水之战相似的战争：巨鹿之战、官渡之战、赤壁之战。

二、北魏孝文帝改革

1. 北魏建立：4 世纪后期，鲜卑族拓跋部建立。

2. 北魏统一北方：439 年统一北方，结束了十六国以来分裂割据的局面。

3. 孝文帝改革的原因（目的）：学习和接受汉族先进文化，加强对黄河流域的控制（加强对中原的统治），增强北魏的实力。

4. 北魏孝文帝的改革措施。

（1）迁都洛阳（494 年）：北魏孝文帝力排众议，494 年迁都洛阳，把百余万包括鲜卑族在内的北方各族人民迁到中原。

（2）进一步推行汉化措施：①说汉语：在朝廷中必须使用汉语，禁止使用鲜卑语。②穿汉服：官员及其家属必须穿戴汉族服饰。③用汉姓：将鲜卑族的姓氏改为汉族姓氏，把姓拓跋改为姓元。④鼓励与汉族联姻：鼓励鲜卑贵族与汉族联姻。⑤用汉制，学汉礼。

5. 北魏孝文帝改革的作用：促进了民族交融，也增强了北魏的实力。

6. 北魏孝文帝的优秀品质：顺应历史潮流、坚持改革、积极进取、拥有智慧、以身作则的精神和优秀品质。

三、北方地区的民族交融

1. 时期：北朝后期，我国北方出现了各民族的大交融。

2. 民族交融表现。

经济、习俗方面	少数民族学习汉族的农业技艺，从事农业生产，成为农业居民，融入汉族的生活中。而汉族人民学习少数民族的畜牧经验，学习和接受他们的食物、服装、用具等
政治制度	北朝统治者与汉族士人合作，沿袭中原地区原有的统治方式，实行君主专制制度
文化方面	西晋时期，内迁各族大多已使用汉语；北魏孝文帝改革后，汉语成为北方主要的通用语言
民族心理	随着经济、文化的交流与融汇，思想感情日益沟通，"胡""汉"观念逐渐淡薄，民族之间的隔阂与偏见逐渐减少

3. 民族交融的特点：民族关系有时矛盾激化，甚至发生战争，但总体上，民族隔阂趋于消解，民族关系趋于缓和。

4. 民族交融的影响：为中华民族的发展注入了新的动力，进一步丰富了中华民族的物质文明和精神文化，并为以后隋唐时期多民族国家的繁荣与发展奠定了基础。

知识拓展

1. 评价北魏孝文帝。

北魏孝文帝是我国历史上杰出的少数民族改革家。他顺应历史潮流，不顾守旧势力的反对，坚持改革，促进民族融合，促进了社会发展，加速了北方民族封建化进程，促进了民族大融合。北魏孝文帝是我国历史上一位杰出的封建帝王，是一位有胆识的改革家。

2. 列表对比商鞅变法与北魏孝文帝改革。

3. 商鞅变法与北魏孝文帝改革的启示。

都是顺应历史发展潮流而进行的改革，这是改革能够成功的根本原因；他们勇于改革、敢于创新的精神值得我们继承和发扬；改革是社会发展的动力，我们的社会主义现代化建设需要与时俱进，需要改革；改革不是一帆风顺的，有时要付出血的代价，但正确的、符合发展潮流的一定要坚持；改革成功与否，不能看改革者最后的命运，应该看改革有没有推动历史的发展，有没有达到改革的目的。商鞅虽然被车裂，但是他的变法使秦国富强起来，成为战国后期最强大的诸侯国，为吞并六国打下了坚实的基础，所以说商鞅的变法是成功的。

		商鞅变法	北魏孝文帝改革
不同点	侧重点	侧重于富国强兵	侧重于制度的更新、迁都和移风易俗
	目的	为了实现国富兵强,在兼并战争中取得优势地位	为了缓和社会矛盾,改变鲜卑族的落后状态,加强对中原的统治
相同点	过程	都遇到了守旧势力的反对和阻碍	
	结果	都取得了成功	
	影响	都促进了政权的封建化	

阅读思考

一、问题思考

魏晋南北朝时期为什么会出现民族大交融的高潮?

各民族错居杂处,加强了相互交流;生产生活上各民族相互学习;政治制度上少数民族学习汉族君主专制;思想文化上少数民族学习汉族文化;社会习俗上各民族相互借鉴吸收。民族心理上民族隔阂与民族偏见逐渐减少。

二、课后活动

1. 敦煌莫高窟壁画中的胡床、椅子、方凳等原是北方少数民族坐具,在魏晋南北朝时期引入内地。据此说一说,民族交往、交流和交融对汉族的发展有什么影响?

丰富了汉族生活,改变了汉族席地而坐的生活习俗。

2. 下表是北魏孝文帝改革时鲜卑族改用汉姓的情况。

鲜卑姓	改为汉姓	鲜卑姓	改为汉姓
拓跋	元	步六孤	陆
拔拔	长孙	贺兰	贺
达奚	奚	独孤	刘
乙旃	叔孙	勿忸于	于
丘穆陵	穆	尉迟	尉

阅读后回答问题。

孝文帝改鲜卑姓为汉姓的目的是什么?

减少"胡"汉观念,促进鲜卑人对汉族文化的认同,促进民族交融。

第20课　魏晋南北朝的科技与文化

要点阐释

一、贾思勰和《齐民要术》

1. 地位：北魏贾思勰写的《齐民要术》是我国现存最早的一部完整的农业科学著作。

2. 事迹：贾思勰曾任郡太守，非常重视农业生产。他整理古书中记载的农业知识，采集民间歌谣谚语，汲取农民的生产经验，自己还在生产实践中证明和丰富了这些经验。

3. 内容：《齐民要术》一书总结了农、林、牧、副、渔等方面的生产技术，内容十分丰富。

4. 主张：贾思勰强调农业生产要遵循自然规律，种植农作物必须因地制宜，不误农时。要改进生产技术和工具，还提出多种经营和商品生产等宝贵思想。

5. 影响：这部关于农业科学技术的著作，凸显了中国古代科学家以民生为本的务实精神，反映出当时农业生产技术已经达到很高水平。这部农书对后世农学的发展有深远影响，在世界农学史上占有重要地位。

《齐民要术》书影

二、科学家祖冲之

1. 祖冲之的地位：祖冲之是南朝的一位杰出科学家，他在数学、天文历法和机械制造等方面有重大成就。

2. 祖冲之的成就。

（1）圆周率：南朝的祖冲之运用刘徽的方法，在世界上第一次把圆周率的数值计算到小数点后第七位，即 3.1415926 ~ 3.1415927。这项成果在世界上领先近千年。

（2）历法：祖冲之还对历法进行精细的观测和推算，他所测算的一年时间，与现代天文科学测算的结果相比较，只差 50 秒。他制定出当时最先进的历法"大明历"，并上书朝廷，请求实行新历法。510 年，"大明历"正式颁行。

祖冲之像

（3）机械制造：祖冲之还很擅长机械制造，他设计制造了指南车、水碓磨、千里船等。

三、书法、绘画与雕塑

1. 书法。

（1）发展原因：汉代造纸术的发明，使书写载体变得快捷便利，也为书法艺术的进一步发展提供了物质条件。人们对书法美的不懈追求，推动了书法艺术的持久发展。

（2）发展历程。

东汉以后，书法逐渐成为一种艺术。钟繇和胡昭是曹魏时的书法名家，他们兼采汉末众书法家之长，都擅长行、草、隶书，并形成了自己的风格。钟繇独创楷书书法，刚柔兼备，点画之间多有异趣，后人称他的楷书为绝世之作。西晋设置书博士，教学生学习书法，规定用钟、胡书法作为标准书体。

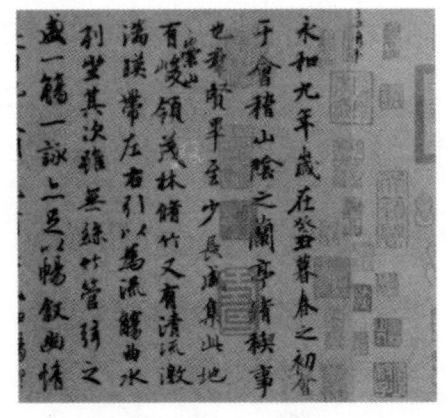

《兰亭集序》（摹本·局部）

将书法艺术提高到一个新阶段的是东晋的王羲之。王羲之刻苦学习书法，继承各种书体的优点，所作楷、行、草书尤为精湛。他的行书、楷书摆脱了以往带有隶、篆的痕迹，当时的人称赞他的书法为古今之冠，笔势"飘若浮云，矫若惊龙"。王羲之的代表作是《兰亭集序》，达到收放自如、浑然天成的境界。王羲之由于在书法艺术上的杰出成就，被后人誉为"书圣"。

北魏统治者崇尚汉族文化，书法艺术受到重视，流传下来的碑刻书体，苍劲厚重，粗犷雄浑。

（3）意义：中国书法艺术不仅是中华民族的文化瑰宝，而且在世界文化艺术宝库中独放异彩。

2. 绘画。

（1）魏晋南北朝时期的绘画，由于佛教盛行，宗教画占了主要地位。

（2）东晋的顾恺之是当时最著名的画家，他擅长的人物画，线条优美活泼，人物传神，富有个性。顾恺之的创作很多，流传下来的作品有摹本《女史箴图》《洛神赋图》。

（3）由于山水诗的增多，山水画开始形成。

3. 石窟。

南北朝时期，统治阶级宣扬佛教，在一些地方的山崖上，开凿了许多石窟。其中最著名的是山西大同的云冈石窟和河南洛阳的龙门石窟。这两处石窟群里，雕刻着成千上万的佛像。这些佛像继承了秦汉以来我国雕塑艺术的优良传统，也吸收了外来佛教造型艺术特点，堪称宏伟精巧的雕刻艺术品。

龙门石窟

4. 魏晋南北朝时期科技与文化汇总表。

类别	朝代	代表人物	成就
农学	北朝	贾思勰	著《齐民要术》，我国现存最早的一部完整的农书
数学	南朝	祖冲之	数学：把圆周率精确到小数点以后的第七位，领先世界近千年；天文：制定"大明历"
书法	东晋	王羲之	将书法艺术提高到一个新的阶段；代表作《兰亭集序》，书法特点是"飘若浮云，矫若惊龙"，被誉为"书圣"
绘画	东晋	顾恺之	代表作有《女史箴图》和《洛神赋图》
雕刻	北朝		山西大同的云冈石窟和河南洛阳的龙门石窟

阅读思考

一、材料研读

《齐民要术·种谷》写道："顺天时，量地利，则用力少而成功多。任情返道，劳而无获。"

想想，为什么贾思勰强调农业生产要顺应天时地利？

贾思勰在《齐民要术》中，教导人们要掌握天时和土壤的条件来进行生产。他很注意天时、地利与农作物的关系，提到顺（应）天时（时令），量（估量）地利（土地情况），则用力少而成功多，任情（凭主观）返道（违反客观规律），劳而无获。意思是，种作物要充分利用"上时"（最好的时机），根据不同的土质条件，才能获得好收成。这就是我们现在经常说的"不失农时"和"因地制宜"的道理。他认为只有掌握天时和土壤条件来进行生产，才能获得好收成。

二、课后活动

1. 东晋诗人谢灵运在其作品《山居赋》中提到了麻、粟、豆等农作物，以及梨、枣、杏等果树。这些原来都是种植在北方的，而这时也在南方种植了。想一想，北方的农林品种为什么会出现在南方？这反映出了什么？

西晋灭亡，北方陷入战乱，317年，东晋建立后偏安于江南，人们纷纷南迁，给贫瘠的江南地区带去了大量的劳动力、先进的生产经验和技术，很多北方的农林品种就出现在了南方。这反映出魏晋南北朝时期政权分立、民族交融的时代特征。

2. 中国在1986年发行了祖冲之纪念银币。请你试着为这枚纪念币中的人物写一个简要的介绍。

祖冲之是南朝著名的科学家，在数学、天文学、机械制造方面均有过重要贡献。他学识渊博，主要著作是《缀术》，制定出当时最先进的历法"大明历"。最突出的成就是把圆周率精确计算到小数点以后的第七位，这项成果领先世界近千年。他认真学习、刻苦钻研、反复实践的精神，非常值得我们青少年学习。

第二部分

隋至清朝中期
（鸦片战争之前）

第一单元　隋唐时期：
繁荣与开放的时代

体系构建

隋唐时期：繁荣与开放的时代
- 隋朝的统一与灭亡
  - 隋的统一
    - 隋朝的建立与统一
    - 隋朝经济的繁荣
  - 开通大运河
  - 开创科举取士制度：隋炀帝时，进士科的创立
  - 隋朝的灭亡
    - 隋炀帝的暴政
    - 隋末农民起义
- 从"贞观之治"到"开元盛世"
  - 唐朝的建立与"贞观之治"
    - 唐朝的建立：618年，李渊称帝
    - "贞观之治"
      - 原因
      - 表现
  - 女皇帝武则天
  - "开元盛世"
- 盛唐气象
  - 经济的繁荣
  - 民族交往与交融
    - 民族交融
    - 文成公主入藏
  - 开放的社会风气
  - 多彩的文学艺术
    - 唐诗：李白、杜甫、白居易
    - 艺术：书法、绘画和乐舞
- 唐朝的中外文化交流
  - 遣唐使和鉴真东渡
  - 唐与新罗的关系
  - 玄奘西行
- 安史之乱与唐朝衰亡
  - 安史之乱：唐朝国势从此由盛转衰
  - 黄巢起义与唐朝灭亡
  - 五代十国的更迭与分立

第 1 课　隋朝的统一与灭亡

要点阐释

一、隋的统一

1. 隋朝的建立。

（1）背景：北朝的最后一个王朝是北周。北周末年，外戚杨坚掌握大权。

（2）建立时间：581 年。

（3）建立者：杨坚（隋文帝）。

（4）都城：长安。

隋文帝像

2. 隋朝的统一。

（1）背景：南方的割据政权陈朝陈后主不问政事，沉迷享乐。

（2）时间：589 年。

（3）过程：隋文帝灭掉陈朝，统一全国。

（4）意义：隋的统一，结束了长期分裂的局面，顺应了统一的多民族国家的历史发展大趋势。

（5）隋能统一南北的原因：长期的分裂割据，人民渴望统一；南方陈政权统治腐败；隋文帝励精图治，充分准备，战略战术运用得当；北方民族大融合。

3. 隋文帝巩固统治。

（1）措施：发展经济，编订户籍，统一南北币制和度量衡制度。加强中央集权，提高行政效率。

（2）结果（效果）：这一系列措施，促进了社会经济的迅速恢复和发展，使人口数量和面积大幅度增长，隋朝成为疆域辽阔、国力强盛的王朝。

二、开通大运河（隋炀帝）

1. 目的：为了加强南北交通，巩固隋朝对全国的统治。

2. 开通原因：隋文帝的统治为开通大运河奠定了经济基础。隋朝国家统一。有前代开凿的几段古运河为基础。劳动人民的智慧和创造力。

3. 时间、人物：隋炀帝从 605 年起，开通了一条纵贯南北的大运河。

4. 中心、起始点：以洛阳为中心，北达涿郡，南至余杭。

5. 长度及地位：全长两千多公里，是古代世界最长的运河。

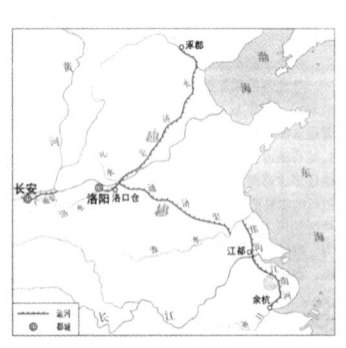

隋朝大运河示意图

6. 四个组成部分（自北向南）：永济渠、通济渠、邗沟、江南河。

7. 连接五条河流（自北向南）：海河、黄河、淮河、长江、钱塘江。

8. 开通的作用：有利于维护国家统一和中央集权，大大促进了我国南北经济和文化的交流。

9. 对隋朝大运河的评价。

（1）积极：①经济上：大大促进了南北经济交流；②政治上：有利于维护国家的统一和中央集权（加强了对南方的控制）。

（2）消极：给人民带来了沉重的徭役负担，加速了隋朝的灭亡（隋亡的根本原因是隋朝的暴政）。

总的来看，大运河的开凿，是隋朝对中国历史的重大贡献。

三、开创科举取士制度

1. 背景（原因）：魏晋南北朝时期，官吏的选拔权由上层权贵垄断，选官看重门第，不注重才能，士家大族的子弟通过门第可进入仕途。

2. 过程。

（1）隋文帝废除了前朝的选官制度，注重考查人才的学识，初步建立起通过考试选拔人才的制度。

（2）隋炀帝时正式设置进士科（标志着科举制度正式确立）。

3. 作用（意义）：（1）科举制的创立，是中国古代选官制度的一大变革，加强了皇帝在选官和用人上的权力，扩大了官吏选拔的范围，使有才学的人能够由此参政，同时也推动了教育的发展。（2）此后，科举制成为历朝选拔官吏的主要制度，一直维持了1300多年。

四、隋朝的灭亡

1. 背景（原因）：隋炀帝好大喜功，不恤民力，又纵情享乐，奢侈无度。在位期间，营建了一系列重大工程，屡次发动战争，致使民不聊生，社会矛盾激化。

2. 根本原因：隋的暴政。

3. 概况：隋炀帝的残暴统治使人民忍无可忍，终于导致大规模的农民起义。起义首先爆发在人民受害最深的山东地区，随即迅速蔓延到全国，隋朝统治面临瓦解。

4. 灭亡：公元618年，隋炀帝在江都被部将杀死，隋朝灭亡。

5. 点拨：与秦朝灭亡原因相同，都是暴政亡国。

阅读思考

一、问题思考

想一想，科举制与前朝选官制度有什么重大不同？

科举制选拔官吏的依据不再是家族名望，而是考试成绩，选拔官吏的权力也从地方集中到中央。前朝官吏的选拔权由上层权贵垄断，选官看重门第，不太重视才能。科举考试选官注重考查人才的学识，重视才能，比较公平。

二、材料研读

《旧唐书·李密传》中写隋末的社会状况是："父母不保其赤子，夫妻相弃与匡床，万户则城郭空虚，千里则烟火断灭。"

想一想，为什么会出现这样的状况？

隋炀帝征发大批劳动力营建东都洛阳，开通大运河，修筑长城和驰道，还多次巡游、三次东征。这一系列的徭役和兵役耗费人力、财力无数，影响正常生产活动，严重破坏了社会生产力，导致了这种状况的出现。

三、课后活动

1. 想一想：科举制度的确立对当时的社会产生了什么影响？

科举制度打破了门第的限制，给一般的知识分子提供了做官参政的机会；同时，选拔官吏的权力也从地方集中到中央，加强了中央集权。

2. 隋炀帝死后，被葬在扬州西北的雷塘。唐朝诗人罗隐在《炀帝陵》一诗中写道："君王忍把平陈业，只博雷塘数亩田。"

议一议：隋炀帝为什么会落得如此下场？隋朝速亡的原因是什么呢？

隋炀帝好大喜功，不恤民力，又纵情享乐，奢侈无度，致使民不聊生，社会矛盾激化，最后在农民起义中被部下在江都杀死。

隋炀帝的残暴统治是隋朝速亡的主要原因。

第 2 课　从"贞观之治"到"开元盛世"

要点阐释

一、唐朝的建立与贞观之治

1. 唐朝的建立。

（1）时间：618 年。

（2）建立者：李渊（唐高祖）。

（3）都城：长安。

（4）统一：唐朝建立后，消灭了各支起义军和割据势力，平定了全国。

2. 贞观之治。

（1）创立者：唐太宗李世民。

（2）李世民即位：626年，李世民（唐太宗）即位，次年，改年号为"贞观"。

（3）"贞观之治"出现的原因（唐太宗的统治措施）。

①主观原因：一是他汲取隋朝速亡的历史教训，勤于政事。二是虚心纳谏，从善如流：大臣魏徵敢于直言进谏。三是广纳贤士，知人善任：房玄龄善于谋略，杜如晦敢于决断，他们都是贞观时期著名的宰相。②客观措施：一是政治方面。进一步完善三省六部制；制定法律，减省刑罚；增加科举考试科目，鼓励士人报考，进士科逐渐成为最重要的科目；严格考察各级官吏的政绩。二是经济方面。减轻人民的劳役负担，鼓励发展农业生产。三是边疆管理、军事上：唐太宗时期先后击败东、西突厥，加强了对西域的统治。（唐朝设立了安西都护府和北庭都护府加强对西域的管理）

唐太宗

（4）治世出现：唐太宗统治期间，政治比较清明，经济得到进一步发展，国力增强，文教昌盛，史称"贞观之治"。

二、女皇帝武则天

1. 称帝：武则天与唐高宗共掌朝政，后相继废掉两个已经做了皇帝的儿子，自己取而代之，改国号为周，是中国历史上唯一的女皇帝。

2. 统治措施（政绩）。

（1）打击敌对的官僚贵族；

（2）大力发展科举制，创立殿试制度，不拘一格选拔人才，扩大了统治基础。

（3）继续推行贞观以来减轻人民负担的政策和措施，重视发展生产。

3. 影响：在位期间，社会经济得以持续发展，人口持续增长，边疆得到巩固和开拓，为"开元盛世"局面的出现奠定了基础。人称她的统治"政启开元，治宏贞观"，又称"贞观遗风"。

4. 评价武则天：武则天是中国历史上唯一的女皇帝。她在位期间继续实行唐太宗发展农业生产、选拔贤才的政策，创立了殿试和武举制度，完善了科举制度，使唐朝社会经济继续发展，人称其统治"政启开元，治宏贞观"。为后来"开元盛世"局面的出现奠定了基础。她在位期间，任用酷吏打击政敌，制造了不少冤案，但不能因此否定其历史功绩。

武则天

三、"开元盛世"

1. 开创者：唐玄宗。

2. 唐玄宗的治国措施（开元盛世出现的原因）。

（1）主要措施：稳定政局，励精图治，重用贤能。

（2）客观措施：任用贤能，任用贤相姚崇和宋璟，实施了一系列改革。政治方面：整顿吏治，裁减冗员。经济方面：发展经济，改革税制。文化方面：庄重文教，编修经籍。

3. 开元盛世的表现（唐玄宗治国措施的影响）：唐玄宗统治前期年号"开元"，当时政治稳定，经济繁荣，国库充盈，民众生活安定，唐朝的国力达到前所未有的强大，进入鼎盛时期，历史上称为"开元盛世"。

知识拓展

1. "贞观之治""贞观遗风""开元盛世"对比

内容	贞观之治——唐太宗	贞观遗风——武则天	开元盛世——唐玄宗
政治	完善三省六部制；减省刑罚	抑制旧士族，打击敌对官僚贵族	整顿吏治，裁减冗员
经济	减轻人民劳役负担；鼓励发展农业生产	继续推行减轻人民负担的政策措施	发展经济，改革税制
用人	增加科举考试科目；严格考察各级官吏的政绩	大力发展科举制，创立殿试制度，不拘一格选拔人才	重用贤能；重视官吏考核
形成局面	"贞观之治"	"贞观遗风"	"开元盛世"

2. 武则天的统治与唐太宗的统治的相同之处。

两者都重视人才的选拔；两者都重视发展生产，减轻农民负担；两者统治时期经济持续发展，国力不断增强；武则天基本上延续了唐太宗时期的措施，发展了"贞观之治"的局面，因此武则天的统治有"贞观遗风"之誉。

3. 唐太宗和唐玄宗统治措施的相同之处。

都善用贤臣，重视人才；都重视地方吏治，重视农业生产；都注意"戒奢从简"；唐太宗统治时期和唐玄宗统治前期都出现了治世局面——"贞观之治"和"开元盛世"。

4. "贞观之治""开元盛世"出现的共同原因是什么？给我们哪些启示？

（1）共同原因：①都是在国家统一、社会稳定时期出现的。②统治者都重视人才，注重调整统治政策。③统治者都重视发展经济和生产技术的改进。

（2）启示：①国家统一、社会安定是社会经济发展的必要条件。②要重视人才的培养，统治者要及时调整政策。③先进科技是推动经济发展的不可缺少的因素。

5. "舟所以比人君，水所以比黎庶，水能载舟，亦能覆舟。"——唐太宗

材料说明唐太宗认识到了什么问题？

唐太宗把君主和百姓的关系比喻成舟和水的关系，这种舟水关系的比喻，体现了唐太宗认识到人民力量的伟大，对百姓的重视和他的民本思想。

阅读思考

一、材料研读

唐太宗曾对大臣说："为君之道，必须先存百姓，若损百姓以奉其身，犹割股以啖腹，

腹饱而身毙。”他还引用古人的话：“舟所以比人君，水所以比黎庶，水能载舟，亦能覆舟。”

为什么唐太宗把君主和百姓的关系比喻成舟与水的关系？

唐太宗经历过隋末农民战争，他认识到农民反抗是由赋役繁重、官吏贪求、饥寒切身引起的，只有轻徭薄赋，选用廉吏，使民衣食有余才能巩固统治。因此，他明确了以民为本的思想，把君主和百姓的关系比喻成舟与水的关系。

二、问题思考

唐太宗汲取隋朝灭亡的教训，你认为从哪些方面能体现出来？

政治上，明确中央和地方职权范围，提高行政效率，严格考察官吏；法律上，减省刑罚；经济上，减轻农民劳役负担，鼓励发展农业生产。

三、课后活动

1. 阅读史料并回答问题。

自贞观以后，太宗励精为理。至（贞观）八年、九年，频至丰稔，米斗四五钱，马牛布野，外户动辄数月不闭。至（贞观）十五年，米每斗值二钱。

——杜佑《通典》卷七

材料中所叙述的社会状况是怎样的？为什么会出现这样的状况？

粮食连年丰收，马牛成群遍布四野，住宅向外的门几个月不关闭，米价便宜，反映了当时农业生产得到恢复和发展、社会秩序安定的状况。

唐太宗精心治理国家，勤于政事，采取了一系列革新措施，改革弊政，减轻人民负担，鼓励农业生产。因此，唐太宗统治时期，出现了材料中描述的状况。

2. 诗歌赏析。

忆昔开元全盛日，小邑犹藏万家室。稻米流脂粟米白，公私仓廪俱丰实。

——杜甫《忆昔》

说一说：诗中描绘了开元时期什么样的情景？

开元时期，人口众多，粮食丰盈，国库充实，百姓富足，整个社会欣欣向荣。

第3课 盛唐气象

📖 要点阐释

一、经济的繁荣

1. 概况：在唐朝前期的 100 多年中，经济发展迅速，社会呈现繁荣景象。

2. 表现。

农业	①垦田面积逐渐扩大；农业生产技术不断改进，发明并推广了一些重要的生产工具，如曲辕犁和筒车 ②唐王朝非常重视兴修水利，在全国各地修建了很多水利工程
手工业	①纺织业品种繁多，尤以丝织工艺水平最高，其中蜀锦以色彩艳丽、纹饰精美冠于全国 ②陶瓷器生产水平也很高，越窑的青瓷如冰如玉，邢窑的白瓷类雪似银，闻名中外唐三彩，造型精美、色彩亮丽。造船业、矿冶业、造纸业等都颇具规模
商业	①十分繁荣，水陆交通发达，贸易往来频繁，出现了一些繁华的大都市 ②都城长安规模宏伟，布局严整对称，街道宽敞整齐，商业繁荣，既是当时中国政治、经济和文化交往的中心，也是一座国际性的大都会

二、民族交往与交融

1. 唐朝对边疆的管辖。

（1）贞观年间，唐太宗发兵击败控制了漠北和西域广大地区的东、西突厥，加强了对西域的统治。

（2）唐太宗实行开明的民族政策，得到周边各族的拥戴。他被当时北方和西北地区的各族首领尊奉为"天可汗"。

（3）唐朝先后设置安西都护府和北庭都护府，管辖西域的天山南北地区。

2. 民族交融的发展。

（1）汉族和一些北方少数民族杂居、通婚，民族之间的交融进一步发展。

（2）在朝廷中，有很多重要的官职由少数民族人士担任。

（3）西北、西南等地区一些少数民族建立的政权，与唐王朝保持着友好而密切的联系。

（4）唐蕃友好交往。

背景	唐太宗时，松赞干布统一青藏高原，定都逻些；松赞干布仰慕中原文化，多次派使者到唐朝求婚；唐太宗同意将文成公主嫁给松赞干布
贡献	文成公主入藏带去谷物种子、药材、茶叶、工艺品以及历法、科学技术方面的书籍 松赞干布派遣贵族子弟到长安学习，请求唐朝给予蚕种，派遣掌握各种专业技能的工匠
作用	唐蕃和亲促进了吐蕃经济和社会的发展，也增进了汉藏两族的友好关系 这段历史佳话在民间广泛传播，表现形式有戏剧、壁画、民歌等

3. 唐朝时期民族政策的特点：唐朝时期民族政策的突出特点是开明，民族交往方式，除联姻（和亲）方式外，还包括战争降服、设置管理机构、新封首领等方式。

4. 唐朝时期民族政策的作用：唐朝开明的民族政策直接促进了汉族与少数民族间的和平友好交往。这对少数民族学习汉族先进文化技术、开发边疆落后地区、发展边远地区的经济起到重要作用。同时，汉族吸收少数民族的文明，在生活方式等方面发生显著变化。祖国的历史是各民族共同创造的。唐朝开明的民族政策，使各民族进一步交融，民族间的经济文化交流日益密切，在丰富中华文明的同时，促进了统一的多民族国家的发展。

文成公主塑像　　　　松赞干布塑像　　　　唐蕃会盟碑

三、开放的社会风气

1. 社会风气开放的表现：唐朝的社会风气比较开放，社会充满活力，人们多显示出一种昂扬进取、积极向上的精神风貌。一些妇女受过诗书、音乐等方面的教育，喜好骑马、打球、拔河、射箭、弈棋等活动。

2. 社会风气兼容并包：人们在衣食住行等方面多受西北少数民俗影响，尚武风气盛行。

3. 特点：开放，充满活力、兼容并蓄。

四、多彩的文学艺术

1. 唐朝诗歌。

（1）概况：唐朝是中国历史上诗歌创作的黄金时期。当时的文人士子，以唱和吟诵诗作为社会交往和抒发情怀的重要方式。唐诗题材丰富，风格多样，仅《全唐诗》辑录的诗歌就有近5万首。唐朝诗坛气象万千，名家辈出，最为著名的有李白、杜甫、白居易等。

李白像　　　　杜甫像　　　　白居易像　　　　《李白诗集》书影

（2）代表人物。

人物	时期	称谓	诗歌特点
李白	盛唐	"诗仙"	他的诗歌颂祖国山河的壮美，抒发了昂扬的进取精神，表现出蔑视权贵、超凡脱俗的风骨 他的诗飘逸洒脱，充满想象力和感染力，具有浓郁的浪漫情怀
杜甫	由盛转衰	"诗圣"	诗风淳朴厚重，很多诗作反映了战争和政治腐败给人民带来的痛苦，抒发悲愤凄婉之情 由于杜甫的诗反映了历史的真情实况，故有"诗史"之称，他被誉为"诗王"
白居易	中唐		他的诗直面社会现实，揭示了统治者的腐化和人民的疾苦。诗歌特点平易近人、通俗易懂，妇孺都会吟诵，深受大众欢迎

2. 书法：唐朝书法名家辈出，最著名的是颜真卿、柳公权、欧阳询。颜真卿的字端正劲美，雄浑敦厚；欧阳询的字方折峻丽，骨力劲健。

3. 绘画：唐朝绘画的题材广泛，有人物画、山水画、花鸟画以及宗教画，著名的画家有阎立本、吴道子等。阎立本的人物故事画，人物形态各异，神形兼备；吴道子的画落笔雄劲，风格奔放。

颜真卿《颜氏家庙碑》　　欧阳询《九成宫醴泉铭碑》　　吴道子《送子天王图》（局部）

4. 音乐和舞蹈：当时的音乐、舞蹈吸收了周边民族的艺术精华，多姿多彩，还涌现出一些技艺超群的舞蹈家、歌唱家和乐器演奏家。

📖 知识拓展

1. 唐朝盛世繁荣的原因。

国家统一，政局稳定，社会安定；经济基础雄厚；统治者实施开放的对外政策和开明的民族政策；统治者重视贤能，政治清明，社会安定，轻徭薄赋，唐玄宗励精图治，实行了一系列促进生产发展的措施；国内各地区、各民族之间的经济文化交流对社会发展起着重要作用；劳动人民的辛勤劳动直接推动了社会经济发展。

2. 唐朝繁盛的启示。

国家统一和社会安定是前提条件；要加强民族友好关系和对外交往；重视科技和人才；统治者实施开放的对外政策和开明的民族政策是促进经济发展的必要条件。

3. 唐朝时期文化繁盛的原因。

唐朝时期国家长期处于统一局面，政治稳定，为文化的繁荣提供了保障。唐朝时期实行比较开明的民族政策，和吐蕃等少数民族友好相处，促进了国内各民族之间的经济文化交流。唐政府实行对外开放政策，注意吸收国外的科技文化。唐朝经济繁荣，农业发展，手工业发达，商业繁荣，对外交往频繁，这些都促进了文化的繁荣和发展。

4. 唐朝书法和绘画大家的基本概况。

项目	代表人物	代表作	艺术特点
书法	颜真卿	《颜氏家庙碑》	端正劲美，雄浑敦厚
	欧阳询	《九成宫醴泉铭碑》	方折峻丽，骨力劲健
绘画	阎立本	《步辇图》	形态各异，神形兼备
	吴道子	《送子天王图》	落笔雄劲，风格奔放

一、材料研读

据记载，筒车"如纺车，以细竹为之，车骨之末，缚以竹筒，旋转时低则舀水，高则泻水"。

想一想：使用筒车的好处是什么？

节省人力，提高效率。

二、课后活动

1. 阅读以下史料并回答问题。

天下诸津，舟航所聚……弘舸（音葛）巨舰，千舳（音竹）万艘，贸易往还，昧旦永日。

——《旧唐书·崔融传》

说一说：这则材料反映出了什么样的境况？

水路运输发达，港口码头往来船舶众多，商品交流繁盛。

2. 诗歌赏析。

蕃人旧日不耕犁，相学如今种禾黍。……城头山鸡鸣角角，洛阳家家学胡乐。

——王建《凉州行》

女为胡妇学胡妆，伎（音技）进胡音务胡乐。……胡音胡骑与胡妆，五十年来竞纷泊。

——元稹《法曲》

回答问题：

（1）诗句中的"蕃""胡"指的是什么？

"蕃"是我国古代对外族或异国人的泛称；"胡"是中国古代对北方和西方各族的称呼。

（2）上引诗句反映出怎样的社会情况？

唐代周边少数民族向汉族学习农业耕作技术，种植谷物，同时少数民族的音乐、饮食、服装、骑马等也在唐代广为流传，各民族相互影响、不断交融，共同发展。

第4课　唐朝的中外文化交流

要点阐释

一、遣唐使

1. 背景：唐朝时期，中国和日本的交流非常频繁。

2. 含义：唐朝时，为了学习中国的先进文化，日本派遣使节到中国，当时称为"遣唐使"。

3. 目的：为了学习中国的先进文化和制度。

4. 概况：日本派出的遣唐使有十几批，最多的一次达到500多人，同行的还有许多留学生和留学僧。

5. 影响：他们把唐朝先进的制度、天文历法、文字、典籍、书法艺术、建筑技术等传回日本，对日本社会的发展产生了深远的影响。

二、鉴真东渡

1. 时间：唐玄宗时期。

2. 背景：唐朝处于全盛时期，鉴真接受日本僧人的邀请东渡日本。

3. 过程：鉴真是扬州大明寺的高僧，754年，鉴真第六次东渡抵达日本。他在日本传授佛经，还传播中国的医药、文学、书法、建筑、绘画等。

4. 意义（影响）：鉴真在日本传授佛经，还传播中国的医药、文学、书法、建筑、绘画等，为中日文化交流作出了卓越的贡献。

5. 鉴真的优秀品质：勤奋刻苦、持之以恒，不图名利、不畏艰险。

日本唐招提寺内的鉴真塑像

6. 鉴真东渡的启示：鉴真具有不畏艰险、迎难而上的精神；他为传播唐朝文化，促进中日交流作出了贡献，值得我们学习。

三、唐与新罗的关系

1. 概况：朝鲜半岛上的国家，和隋唐往来频繁。

2. 表现：

（1）新罗派遣使节和大批留学生到唐朝学习中国文化。

（2）新罗商人来到中国经商，新罗物产居唐朝进口首位。

（3）新罗仿唐朝建立了政治制度，采用科举制选拔官吏，还引入中国医学、天文、历算等科技成就。

（4）朝鲜的音乐也传入中国，不仅在唐朝宫廷演出，而且广泛流行于民间。

四、玄奘西行

1. 背景：唐朝与天竺（今印度）有频繁的交往。

2. 目的：玄奘前往天竺取经。

3. 时间：唐太宗时期，贞观初年。

4. 概况：贞观初年，高僧玄奘西行取经，历经磨难，经过4年的长途跋涉到达天竺。他遍访天竺的名寺，研习佛法，曾在那烂陀寺游学，成为远近闻名的佛学大师。10多年后，他携带大量佛经回到长安，此后主持译经工作。

玄奘像

5. 影响、作用（玄奘的功绩）。

（1）为中国佛教的发展作出重大贡献。

（2）根据他的口述，由弟子记录成书的《大唐西域记》，是研究中外交流史的珍贵文献。

（3）对中印文化的交流作出贡献。

6. 玄奘的优秀品质：不畏艰难、勇于开拓，好学不倦、坚持不懈，有志者事竟成。

知识拓展

1. 唐朝对外交往的特点。

（1）对外交往比较活跃，与亚洲乃至非洲、欧洲的一些国家都有往来。

（2）唐政府鼓励各国商人到中国贸易，允许他们长期居住。

（3）长安、洛阳、广州、扬州等地都有频繁的外贸活动。

（4）唐朝在世界上享有很高的声望，各国称中国人为"唐人"。

2. 唐朝对外交往活跃的原因。

国家安定统一、政治制度先进；经济文化繁荣、国力强盛；开放和兼容并蓄的对外开放政策；对外交通发达；科技文化世界领先。

3. 唐朝对外交往带给我们的启示。

一个国家只有强盛才有辐射力和吸引力，才可能得到别人的尊重乃至仰慕。必须有稳定的政治局面，坚持对外开放的政策。各国各族均有所长，应多向他人学习，鼓励交流，才会进步。提高自身素质，努力发展经济文化。学习唐朝海纳百川的博人胸怀，在传播先进文化的同时，要善于汲取其精华，为己所用。

4. 唐朝频繁对外交往的影响。

（1）唐朝的对外关系发展使唐朝的政治、经济和文化在世界上产生了重要影响，促进了亚洲乃至世界文明的进步。

（2）同时通过对外交往，唐朝学习了当时世界上最先进的文化科学技术，进一步促使唐朝经济文化的繁荣，也丰富了人民的经济文化生活。

5. 鉴真东渡和玄奘西行的异同。

		鉴真东渡	玄奘西行
不同点	时间	唐玄宗时	唐太宗时
	目的地	日本	天竺（今印度半岛）
	途中遭遇	6次东渡，5次失败，历经磨难	历经磨难
	目的	传授佛经、传播唐朝文化	求取佛经、学习佛教文化
	是否回国	未回国	回国
	代表成就	唐招提寺	《大唐西域记》
相同点		都是唐朝的僧人；都为对外友好交往和文化交流作出了贡献；都为完成自己的使命出生入死、历尽艰辛；都有一种顽强的毅力和百折不挠的精神	

6. 请列举唐朝对外友好交往的史实。

遣唐使和鉴真东渡；玄奘西行。

7. 比较文景之治、光武中兴、贞观之治和开元盛世。

局面	朝代	出现原因	表现
文景之治	西汉	推行休养生息政策，提倡以农为本；减轻赋税和徭役；重视"以德化民"，废除一些严刑苛法；提倡勤俭治国	政治清明，经济发展，人民生活安定，国力增强，钱粮充盈
光武中兴	东汉	多次释放奴婢，减轻农民负担，减轻刑罚；合并郡县，裁减官员，惩处贪官污吏；允许北方少数民族内迁，缓和民族矛盾	社会出现比较安定的局面，经济得到恢复和发展
贞观之治	唐朝	唐太宗勤于政事，虚心纳谏，广纳贤才，知人善任；完善三省六部制，明确中央机构的职权及决策程序；制定法律，减省刑罚；增加科举考试科目，使进士科成为最重要的科目；严格考察各级官吏政绩；减轻人民劳役负担，鼓励发展农业生产	政治比较清明，经济得到进一步发展，国力增强，文教昌盛
开元盛世	唐朝	唐玄宗励精图治，重用贤能；整顿吏治，裁减冗员；发展经济，改革税制；注重文教，编修经籍	政治稳定，经济繁荣，国库充盈，民众生活安定，唐朝的国力达到前所未有的强大，进入了鼎盛时期

阅读思考

一、问题思考

鉴真东渡和玄奘西行都经历了千辛万苦，他们是如何面对重重困难的？

鉴真东渡，前后6次，用了12年，困难重重，但他百折不挠，矢志不渝，终于成功。玄奘西行路途遥远，他不畏艰险，历经磨难，为追求真理，坚韧不拔，意志坚定。

二、课后活动

1. 日本文字分为"平假名"和"片假名"。它们的创制，与汉字有直接关系。请查找相关资料，加以说明。

8世纪以前，日本使用汉字作为表达记述的工具。唐朝时，随遣唐使来华的留学生吉备真备和学问僧空海和尚，在日本人民利用中国汉字标音表意的基础上，创造了日文假名字母——片假名和平假名，大大推动了日本文化的发展。同时，日文的词汇和文法也受到汉语的影响。

2. 下列文物出土于唐朝墓葬。议一议：这些文物反映出了什么？

大食人俑、东罗马金币、非洲黑人俑。

大食人俑等文物反映了唐朝与阿拉伯、欧洲和非洲都有交往。

第5课　安史之乱与唐朝衰亡

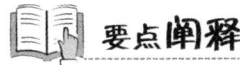 要点阐释

一、安史之乱

1. 背景（原因）：开元末年以后，唐玄宗追求享乐，任人唯亲，朝政日趋腐败。社会上的各种矛盾越来越尖锐，边疆形势也日益紧张。各地的节度使逐渐集军权、行政权和财权于一身，势力膨胀。中央与地方的力量对比失去平衡，形成外重内轻的局面。边将安禄山一身兼职任范阳等三地的节度使，担负东北地区防御重任，逐渐扩张势力。

2. 时间：755—763年。

3. 主要人物：安禄山和史思明。

4. 性质：安史之乱是一场地方节度使发动的夺取中央政权的叛乱。

5. 经过。

（1）755年，安禄山借口朝廷出现奸臣，和部将史思明一起发动叛乱，史称"安史之乱"。

（2）安史叛军从河北大举南下，先后攻占东都洛阳，又攻下潼关，逼近长安。唐玄宗仓皇逃往四川，太子李亨北上灵武，被拥立为帝，即唐肃宗。

（3）唐朝将镇守西北地区的精兵悉数内调，并在北方少数民族军队的援助下，击败叛军。

6. 结果：安史叛军接连内乱，最终于763年被平定。

7. 影响：持续八年之久的安史之乱，对社会经济造成极大的破坏，尤其是北方地区遭到浩劫。唐朝的国势从此由盛转衰，各种矛盾越来越尖锐。唐朝的中央权力衰微，安史旧将和内地节度使权势增大，逐渐形成藩镇割据的局面。

8. 唐朝由盛到衰的转折点：安史之乱。

二、黄巢起义与唐朝灭亡

1. 黄巢起义。

（1）背景（原因）：①唐朝后期，统治腐朽，宦官专权，藩镇割据的态势越来越严重。②藩镇相互之间发生兼并战争，中央已无力控制藩镇。③人民赋役繁重，生活困苦，又遇到连年的灾荒，无以为生，发动大规模起义。

黄巢像

（2）领导者：黄巢。

（3）过程：起义军在黄巢的率领下，转战南北并攻入长安，建立政权。

（4）影响：给唐朝统治以致命的打击。

2. 唐朝灭亡。

（1）背景：朱温原为农民起义军的将领，后投降唐朝，被封为节度使，与其他藩镇联合镇压了黄巢起义。他逐渐控制朝政，陆续兼并了北方的大小割据势力。

（2）灭亡：907 年，朱温建立了后梁政权，唐朝灭亡。

3. 唐朝几个重要节点的区分："开元盛世"是唐朝的鼎盛时期。"安史之乱"是唐朝由盛到衰的转折点。黄巢起义给唐朝统治以致命的打击。朱温建立后梁标志着唐朝的灭亡。

三、五代十国的更迭与分立

1. 五代：唐朝灭亡以后，北方黄河流域先后出现后梁、后唐、后晋、后汉、后周5个政权。

2. 十国：南方地区出现吴、南唐、吴越、前蜀、后蜀、楚、闽、南汉、南平 9 个政权，再加上北方割据太原的北汉。

3. 五代十国的实质：五代十国是唐末以来藩镇割据局面的延续，它们的开国君主都是掌握兵权的武将。

4. 表现：北方政权更迭，战事不断，政局动荡不安。当时的南方地区，由于受战乱影响较小，政局相对稳定，经济在原有的基础上也有一定的发展。

5. 影响：五代十国时期，虽然政权分立，但长期政治统一的历史影响和各地经济发展的密切联系，使统一始终是一个客观存在的必然趋势。

6. 五代十国的历史根源：唐朝藩镇割据。

阅读思考

一、材料研读

安史之乱造成北方地区"人烟断绝，千里萧条"。杜甫诗《无家别》有诗句："寂寞天宝后，园庐但蒿藜。我里百余家，世乱各东西。……四邻何所有？一二老寡妻。"

想一想：这场战乱给人民造成了什么样的灾难？

安史之乱给社会经济造成了极大破坏，尤其是广大北方地区田地荒芜，十室九空；人民家破人亡、流离失所。

二、课后活动

1. 下列各项，哪些是安史之乱爆发的主要原因？请在□内打√。

☑皇帝荒废朝政　　　　　□发生严重灾荒

□杨贵妃得宠　　　　　　☑节度使权力膨胀

□农民负担过重　　　　　☑军队战斗力薄弱

2. 黄巢在青年时代写了一首《不第后赋菊》诗：

待到来年九月八，我花开后百花杀。冲天香阵透长安，满城尽带黄金甲。

想一想：作者在诗中抒发了什么样的愿望？

这首诗以菊喻志，借物抒怀，通过刻画菊花的形象、歌颂菊花的威武精神，表现了作者决心推翻唐朝的统治、等待时机改天换地的英雄气魄。

第二单元 辽宋夏金元时期：民族关系发展和社会变化

体系构建

辽宋夏金元时期：民族关系发展和社会变化
- 北宋的政治
  - 北宋的建立：960年，赵匡胤
  - 宋太祖强化中央集权
  - 重文轻武的政策
- 辽、西夏与北宋的并立
  - 契丹族与党项族
  - 辽与北宋的和战
  - 西夏与北宋的关系
- 金与南宋的对峙
  - 女真族的崛起
  - 金灭辽及北宋
  - 南宋的偏安
    - 南宋的建立：1127年，赵构
    - 岳飞抗金、宋金和议
- 宋代经济的发展
  - 农业、手工业的发展
  - 商业贸易的繁荣
    - 海外贸易
    - 纸币的出现：交子
- 蒙古族的兴起与元朝的建立
  - 成吉思汗统一蒙古
  - 蒙古灭西夏与金
  - 元朝的建立与统一
- 元朝的统治
  - 元朝疆域和民族交融
  - 行省制度
    - 建立君主专制中央集权制度
    - 行省制度
  - 元朝对边疆地区的管辖
    - 东南：设澎湖巡检司
    - 西南：设宣慰使司都元帅府
- 宋元时期的都市和文化
  - 繁华的都市生活
    - 文化娱乐活动
      - 瓦子和勾栏
      - 杂剧表演
    - 节日习俗
  - 文学
    - 宋词：苏轼、李清照、辛弃疾
    - 元曲：关汉卿和《窦娥冤》
  - 史学：司马光与《资治通鉴》
- 宋元时期的科技与中外交通
  - 汉字印刷术的发明
  - 指南针、火药的应用
  - 发达的中外交通

第 6 课　北宋的政治

要点阐释

一、宋太祖强化中央集权

1. 北宋的建立。

（1）时间：960 年。

（2）建立者：赵匡胤（宋太祖）。

（3）都城：开封（东京）。

（4）事件：陈桥驿兵变。

（5）典故：黄袍加身。

宋太祖像

（6）过程：960 年，后周大将赵匡胤在陈桥驿发动兵变，他的部下拥立他为皇帝。赵匡胤随即回师夺取后周政权，改国号为宋。

2. 北宋结束五代十国分裂局面。

（1）背景：宋朝建立时，五代十国的分裂局面已出现统一的趋势。

（2）人物及统一方针：宋太祖和他的后继者依照先南后北的统一方针。

（3）结果：陆续消灭了南方割据政权，结束了中原和南方的分裂割据局面。北宋结束五代十国分裂局面，并未实现全国的统一。

3. 加强中央集权。

领域		内容	影响
军事上		宋太祖深知唐末以来武将专权的积弊，首先解除禁军将领的兵权，牢牢地控制了军队；还控制对军队的调动，使禁军将领有握兵之重而无发兵之权，还经常调换军队将领，定期换防，割断将领与士兵和地方的联系，使兵不识将、将不专兵	加强了对军队的控制，但是削弱了军队的战斗力
政治上	在中央	宋太祖为加强控制，派文臣担任各地州县的长官，陆续取代原来藩镇手下的爪牙 宋朝设立若干副宰相，与宰相共同议政；还设立多重机构，削割宰相的军政、财政大权	加强了中央集权，也造成了官僚机构的臃肿
	在地方	宋太祖为加强控制，派文臣担任各地州县的长官，陆续取代原来藩镇手下的爪牙 为防止知州的权力过大难以控制，实施三年一换的制度，频繁调动州县长官；还在各州府设置通判，以分散知州的权力	
经济上		宋太祖下令取消节度使收税的权力，除各州留一部分用作地方的必要支出外，其余一切税收由中央掌控 在地方设置转运使，把地方财赋收归中央	

4. 北宋加强中央集权的影响。

（1）积极影响：有利于维护国家统一和社会安定；有利于社会经济的发展；中央集权强化到前所未有的程度，皇权大大加强。

（2）消极影响：政府机构重叠，官员冗杂，财政开支庞大。军队作战指挥不灵，战斗力下降。地方财政困难，长期造成了积贫积弱的局面。

5. 相关典故：杯酒释兵权。

二、重文轻武的政策

1. 目的：防止武将对中央集权造成威胁。

2. 概况。

（1）宋太祖为防止唐末以来武将专横跋扈的弊端出现，重用文臣掌握军政大权。

（2）宋太宗继续采取抑制武将、提升文官地位的政策，形成文臣统兵的格局。

（3）当时的文官担任中央和地方的要职，甚至主持军务，地位和待遇高于武将。

（4）武将受到多方面的牵制，带兵打仗要按照朝廷预授的"阵图"行军布阵，这严重束缚了统军的指挥权。

（5）注重发展文教事业，改革和发展科举制。宋初时大幅度增加科举取士名额，提高进士地位，进士不仅授官从优，而且升迁迅速。科举制度的发展，对宋代社会产生了深远影响，在全国范围营造了浓厚的读书风气，也促进了整个社会文化素养的提高，造就了宋朝科技发达、文化昌盛、人才辈出的文治局面。

3. 重文轻武政策的影响：宋朝重文轻武的政策，扭转了五代十国时期尚武轻文的风气，杜绝了武将跋扈和兵变政移的情况发生，有利于政权的稳固和社会的安定。

宋人科举考试图

4. 重文轻武的弊端：文臣掌兵，不熟悉军务，而将不专兵，兵无常帅，导致军队的战斗力减弱。文官得到重用，逐渐形成以士大夫为主体的官僚集团；政府机构重叠，相互牵制，官吏冗余，人浮于事，既导致办事效率下降，又增加了朝廷的财政支出。

📖 知识拓展

1. 宋朝政治的特点。

重文轻武，文人治国。分化事权，内外相制。强干弱枝，守内虚外。

2. 宋朝在历史上是一个军事上积贫积弱的朝代，说说是什么原因造成的？国家在实施大政方针时应该遵循怎样的原则？

原因：宋朝重文轻武，导致国家军队战斗力削弱，政府行政效率下降，人民负担加重。

启示：政策的倾向一定不能走极端；要综合、全盘考虑战略问题；要结合国情，实事求是地、合理地实施各种政策；文武之道，一张一弛，适度的强军政策是需要的。

3. 宋太祖赵匡胤加强中央集权的措施。

	目的	措施	影响
军事方面	消除武将专权的积弊	解除禁军将领的兵权；禁军分内外驻屯，将领经常调换；统兵权与调兵权分离，在中央设枢密院掌握军队的调动权	加强了对军队的控制，但是削弱了军队的战斗力
在中央	削弱宰相的权力	由政事堂、枢密院和三司使分割宰相的民政、军政和财政大权	实现了民、军、财各权的分立，加强了皇权，但也造成了机构的臃肿
在地方	加强对地方的控制	分派文官担任地方长官并实行轮换制；设立通判分割知州的权力；设转运使收缴地方官的财税权	加强了中央集权，也造成了地方官僚机构的臃肿

阅读思考

一、材料研读

1. 《宋史·职官志》记载，宋初"始置诸州通判"，"凡兵民、钱谷、户口、赋役、狱讼听断之事，可否裁决，与守臣通签书施行"。

根据材料，说说通判的职权和作用。

通判的职权涉及地方一切行政与司法事务，知州发布的各项官文需要通判一起署名才能生效。可见，通判的作用是分散知州的权力并对其行为实行监督。

2. 宋初的大将曹翰写下一首《退将诗》，有"曾因国难披金甲，不为家贫卖宝刀"之句。当时有谚语曰："做人莫做军，做铁莫做针。"

武将为什么会发出这样的感慨？为什么当时的人不以从军为荣？

北宋为加强中央集权，采取了一系列削夺武将兵权、抑制武将地位的措施，武将们不仅平日不受重视，而且带兵打仗都处处受到掣肘，感到英雄无用武之地，因此发出这样的感叹。社会上，人们看到武将不仅地位降低，而且打仗也是败多胜少，因此不再以从军为荣。

二、课后活动

1. 赵匡胤当皇帝的第二年，大臣赵普针对"方镇太重，君弱臣强"的状况，提出："稍夺其权，制其钱谷，收其精兵，则天下自安矣。"

赵普所说的"权""钱""兵"，指的是什么？宋太祖对此采取了哪些措施？

"权"指的是行政权，"钱"指的是财政权，"兵"指的是军事权。

行政权方面：在中央，宋太祖为防止宰相权力过大，采取分化事权的办法，削弱相权。宋太祖为加强控制，派文臣担任各地州县的长官，陆续取代原来藩镇手下的爪牙。为防止知州的权力过大难以控制，实施三年一换的制度，频繁调动州县长官；还在各州府设置通判，以分割知州的权力。

财政权方面：宋太祖下令取消节度使收税的权力，除各州留一部分用作地方的必要支出外，其余一切税收由中央掌控。又陆续在地方设置转运使，把地方财赋收归中央。

军权方面：宋太祖深知唐末以来武将专权的积弊，首先解除禁军将领的兵权，牢牢地控制了军队。宋太祖还控制对军队的调动，使禁军将领有握兵之重而无发兵之权。他还经常调换军队将领，定期换防，割断将领与士兵和地方的联系，使兵不识将、将不专兵。

2. 对下列关于宋朝重文轻武的表述作出正误判断。

中央机构的要职由文人出任。（√）

文臣掌握国家的军事大权。（√）

派文人担任地方的知州。（√）

知州的权力很大，不受牵制。（×）

扩大科举考试录取的名额。（√）

武将只有调动军队的权力。（×）

第7课　辽、西夏与北宋的并立

要点阐释

一、契丹族与党项族

1. 契丹族。

（1）契丹族的发展（辽建立的背景）：隋唐时期，游牧在北方的契丹族与汉族的经济、文化联系日益密切。唐朝末年，北方汉人纷纷避乱，北出长城，带去了中原先进的生产技术和生活方式。到 9 世纪后期，契丹已经有了农耕、冶铁和纺织等生产事业，并开始建筑房屋、城邑。

（2）建立政权。

政权名称	辽（契丹）
时间	10 世纪初
建立者	契丹首领耶律阿保机
都城	上京临潢府

（3）治国措施及作用：发展生产，创制文字，国力不断增强。

契丹文字　　　　契丹货币　　　　西夏货币　　　　西夏铜牌

2. 党项族。

（1）党项族的发展（西夏建立的背景）：生活在我国西北地区的党项族，原属羌族的一支。唐朝时，党项族集中到甘肃东部、陕西北部一带，与中原文化的接触渐多，社会生产有所发展。

（2）建立政权。

政权名称	西夏
时间	11 世纪前期
建立者	党项族首领元昊
都城	兴庆府

（3）治国措施：元昊仿效唐宋制度，订立官制、军制和法律。鼓励垦荒，发展农牧经济。创制西夏文字。

二、辽与北宋的和战

1. 表现。

（1）战：辽太宗时，占领燕云十六州，从此，辽与中原王朝的冲突加剧。

（2）和：宋太祖时期，北宋与辽保持友好关系，双方互通使节。

（3）战：宋太宗时期，向辽发动数次战争遭到失败，只好采取防御政策。

（4）战：宋真宗时，发生澶州之战。

（5）和：辽宋签订"澶渊之盟"。

2. 澶州之战。

（1）背景：宋真宗时，辽军大举攻宋，一直打到黄河岸边的澶州城下，威胁都城开封，北宋朝廷一片恐慌。

（2）过程：宰相寇准力劝皇帝亲征，宋真宗勉强来到澶州城，宋军士气大振，打退辽军。

（3）结果：辽军战败，双方议和，签订"澶渊之盟"。

3. 澶渊之盟。

（1）内容：辽与宋议和，辽军撤回，宋朝给辽岁币。

（2）影响：此后很长时间，辽宋之间保持着和平局面。

（3）评价："澶渊之盟"是宋辽双方均势的体现，它对宋辽两国都带来了深远的影响。对于北宋来说，"澶渊之盟"是一个屈辱的和约，岁币加重了北宋人民的负担。对辽来说，"澶渊之盟"不仅使辽兵安然脱险，还得到了岁币。从整个中华民族的发展来看，"澶渊之盟"的订立有其积极的一面：它结束了宋辽之间几十年的战争，使此后的宋辽边境长期处于相对和平稳定的状态。双方展开频繁的经济文化交流，有利于边境地区的生产发展，有利于我国统一的多民族国家的巩固和发展。

三、西夏与北宋的关系

1. 战：元昊称帝后，多次亲率军队进攻北宋，宋朝被动挨打，节节败退，损失惨重。

2. 和。

（1）原因：西夏虽在军事上屡屡获胜，但由于立国时间短，人力和物力有限，连年的战争使西夏遭受很大损失，人民处于困苦之中。

（2）结果：北宋与西夏进行和谈，订立了宋夏和约。

（3）议和内容：元昊向宋称臣，宋给西夏岁币。

（4）影响：议和后，宋夏边境贸易兴旺，促进了民族交融。

知识拓展

1. 北宋、辽和西夏建立政权的基本情况。

	契丹族	汉族	党项族
政权	辽	北宋	西夏
时间	10 世纪初	960 年	11 世纪前期
建立者	耶律阿保机	赵匡胤	元昊
都城	上京临潢府	（开封）东京	兴庆府
重大事件	澶渊之盟	陈桥驿兵变、重文轻武	宋夏议和

2. 如何正确认识北宋与少数民族之间的关系？

宋辽、宋夏之间有战有和，和战交错，但"和"始终是民族关系发展的主流。宋辽、宋夏之间的战争只是中华民族大家庭内部的兄弟之争，有正义和非正义之别，但无侵略与反侵略之说。它给中原人民带来了深重的灾难，但客观上也促进了民族交融，有利于国家的统一。

3. "澶渊之盟"与宋夏和约的异同点有哪些？

异：宋与辽结为兄弟之国。夏向宋称臣。

同：宋辽、宋夏议和都结束了双方大规模的战争状态；客观上有利于双方和平相处；宋王朝都要交纳岁币。

4. 辽与北宋、西夏与北宋的关系有什么共同之处？

都是汉族与少数民族政权之间的关系；都是先战后和的关系；北宋每年都要给两国"岁币"；与北宋签约议和后，促进了各自经济文化的发展。

5. 北宋与辽、西夏由战争走向议和的原因是什么？

双方都不具备彻底战胜对方的实力，是实力均衡的产物；战争耗费了大量的人力、财力，破坏了双方的正常贸易，严重影响人民日常生活；人民反对战争；北宋统治者软弱无能。

阅读思考

1. "澶渊之盟"后，朝中大臣排挤寇准，寇准被罢去相职。当时京城里流传着民谣："欲得天下好，无如召寇老。"

想一想：这首民谣反映出民众的什么愿望？

面对辽国的大举入侵，寇准力促宋真宗御驾亲征，从而打败辽军，使中原百姓免遭生灵涂炭。此外，寇准一生为官40余年，举荐贤能，扶正祛邪，不徇私情，深得民心。此歌谣反映了民众对他的景仰与爱戴。

2. 议一议：北宋与辽、西夏订立和约，对社会经济和民众生活有什么影响？

北宋与辽、西夏订立和约，使北宋与辽、西夏之间保持着和平稳定的局面。对社会经济而言，避免了战争给社会生产力带来的破坏，促进了我国偏远地区的贸易与开发，有利于经济的交流和发展。对民众生活而言，一方面在一定程度上加重了民众的赋税负担；另一方面，使边境民众生活环境相对安定，加强了各民族间的友好关系，促进了民族交融。

第8课 金与南宋的对峙

要点阐释

一、女真族的崛起

1. 居住地：女真族是我国古老的民族之一，居住在黑龙江流域和长白山一带。

2. 生活方式：过着游牧渔猎的生活。

3. 统一：11世纪末，完颜部的首领阿骨打进一步完成了女真各部的统一。从此，女真族的力量不断增强。

4. 起兵抗辽：12世纪初期，阿骨打起兵抗辽，把辽军打得节节败退。

5. 建立政权。

（1）建立者：阿骨打（金太祖）。

（2）时间：1115年。

（3）国号：大金。

（4）都城：会宁。

（5）统治措施及作用：模仿中原王朝制度，改革女真部落军政体制，颁行女真文字，发展生产，势力迅速壮大。

女真人像

二、金灭辽及北宋

1. 金灭辽。

（1）背景：①正当女真崛起之时，辽和北宋的统治却是危机重重，统治者腐败无能，人民不断起义。②当金军攻占了辽的一些地区后，北宋朝廷想借金的势力收复被辽占领的失地，于是遣使与金联系，双方订立盟约，相约夹攻辽朝。

（2）经过：北宋出兵伐辽，被辽军打得大败，而金军势如破竹，相继攻占辽的都城和许多地区。

（3）结果：1125年，辽被金灭亡。

2. 金灭北宋。

（1）原因：金在与北宋联兵攻辽的过程中，看到了北宋政治上的腐败和军事上的无能，于是在灭辽后发动了对宋的战争。

（2）北宋的态度：面对金军的强大攻势，宋徽宗、宋钦宗无心抵抗，只想着妥协求和。

（3）结果：1127年，金军攻破开封，北宋灭亡。

（4）"靖康之变"：靖康二年（1127年）四月，金军攻破东京（今河南开封），俘虏了宋徽宗、宋钦宗父子及大量赵氏皇族、后宫妃嫔与群臣等3000余人，押解北上，东京城中公私积蓄为之一空。史称"靖康之变"。

（5）北宋灭亡的原因：北宋政治上的腐败和军事上的无能。宋徽宗、宋钦宗无心抵抗，只想着妥协求和。北宋长期实行重文轻武的政策。金统治者励精图治，女真族骁勇善战。

三、南宋的偏安

1. 南宋的建立：北宋灭亡后，宋钦宗的弟弟赵构登上皇位，赵构就是宋高宗，后来定都临安（今浙江杭州），史称南宋。

2. 岳飞抗金。

（1）背景：南宋初年，金军几次大举南下，南宋军民奋起抵抗。

（2）岳飞抗金功绩：①岳飞等抗金将领率军北伐，从金军手中收复许多失地。②岳飞统率的"岳家军"在郾城大败金军主力，并乘胜追击，迫使金军后撤。（战役名称：郾城大捷）

（3）岳飞抗金能够接连取胜的原因：战争具有正义性，符合人民愿望，得到人民支持与拥护。岳家军纪律严明，英勇善战。岳飞本人杰出的军事指挥才能。其他抗金军队的支援和配合。

（4）对岳飞抗金的认识：岳飞抗金是正义的抗争。岳飞抗金，保卫了人民的生命财产和中原地区较高的经济文化发展水平，符合广大人民的利益，是正义的，也符合社会发展趋势。岳飞是当之无愧的抗金英雄。

浙江杭州岳王庙中的岳飞塑像

（5）岳飞不能称之为"民族英雄"的原因：南宋与金之间的战争属于中华民族内部民族政权之间的战争，不属于对外侵略战争，因而不能称岳飞为民族英雄，准确地说他应是抗金英雄。

3. 宋金议和。

（1）背景：在有望收复中原之时，宋高宗和权臣秦桧害怕抗金力量壮大，危及他们的统治，便向金求和，下令岳飞班师，并以"莫须有"的罪名杀害了岳飞。

（2）内容：宋金达成和议，南宋向金称臣，并给金岁币，双方以淮水至大散关一线划定分界线，宋金对峙局面形成。

（3）认识：南宋与金议和的原因在于南宋政治腐败，皇帝无心抵抗，导致在军事上即使处于有利地位，最后也求和送岁币。投降派受宠，主战派主张得不到认可。双方议和以后，形成南北对峙局面，经济继续发展。这次议和有利于和平局面的出现和各民族之间的经济文化交流，也促进了民族交融。

（4）宋金对峙局面形成的标志：南宋与金的议和。

4. 宋金后来状况：后来，金迁都燕京，改名为中都。南宋统治者满足于现状，偏安江南一隅。

📖 知识拓展

1. 两宋时期的民族政权建立的情况。

政权	民族	建立时间	建立者	都城	灭亡
辽	契丹	10世纪初	（辽太祖）阿保机	上京（今内蒙古巴林左旗）	1125年（被金灭）
北宋	汉族	960年	（宋太祖）赵匡胤	东京（今河南开封）	1127年（被金灭）
西夏	党项	11世纪前期	元昊	兴庆（今宁夏银川）	1227年（被蒙古灭）
金	女真	12世纪初期	（金太祖）阿骨打	会宁（今黑龙江阿城）后迁中都（今北京）	1234年（被蒙古灭）
南宋	汉族	1127年	（宋高宗）赵构	临安（今浙江杭州）	1276年（被元灭）

2. 宋朝的时代特点。

政治上：多民族政权并存的时代。

经济上：经济重心南移。

第一个阶段：辽、西夏和北宋的并立时期。

第二个阶段：金与南宋的对峙时期。

各政权关系特点："战"与"和"。

📖 阅读思考

一、问题思考

岳飞的抗金事迹，数百年来一直被民众传颂，人们将他视为民族英雄。想一想：人们为什么尊崇和怀念岳飞？

数百年来，民众一直传颂岳飞抗金的事迹，将他视为民族英雄，这是因为他精忠报国的精神深深地打动了一代又一代的国人。抗金斗争中，他率领的岳家军纪律严明，作战勇敢，是当时抗金力量的中坚；岳飞和岳家军抗击金兵南下，为南方地区创造了相对安定的生产生活环境，让南方人民免受战争灾难，保护了人民的生命财产，维护了南宋人民的利益。因此，数百年来，岳飞能够得到人们的尊崇和怀念。

二、课后活动

下面是南宋诗人林升写的《题临安邸》：

山外青山楼外楼，西湖歌舞几时休。暖风熏得游人醉，直把杭州作汴州。

说一说：这首诗是怎样描写南宋偏安的？

这首诗的前两句，从空间和时间的无限，写尽杭州的山水楼台之美和歌舞升平的景象。"几时休"三个字，责问统治者：骄奢淫逸的生活何时才能停止？言外之意是抗金复国的事业何时才能着手？"暖风"语义双关，既是温暖的自然风，也是纸醉金迷的靡靡之风。末句"直把杭州作汴州"，是直斥南宋当局忘了国恨家仇，竟把临时苟安的杭州当作了故都汴州。

整首诗描写了南宋统治者满足于现状，不思抵御外族侵扰，过着苟且偷安、粉饰太平的日子。

第9课 宋代经济的发展

 要点阐释

一、农业的发展

1. 发展历程。

（1）自东汉后期开始，江南社会经济逐步得到发展。

（2）从唐朝中晚期到两宋时期，南方的战乱较少，北方人口大批南迁，带去了先进的生产技术，使南方农业发展速度加快，逐渐超过北方。

（3）自宋代开始，经济的发展进一步向湘江以西拓展，同时，江西、福建和两广地区也得到很大开发。

（4）两宋时期，人口增加，垦田面积扩大，耕作技术提高，农业获得前所未有的发展。

2. 原因：南方的战乱较少，北方人口大批南迁，带去了先进的生产技术。

3. 表现。

宋代《耕获图》

（1）人口增加，垦田面积扩大，耕作技术提高，农业获得前所未有的发展。

（2）水稻：①品种：由越南传入的占城稻，北宋时推广到东南地区。南方农民还培育

出许多优良品种，大大提高了水稻的产量。②区域：由于朝廷的大力提倡，南方的水稻在北方也得到推广。③结果：水稻产量跃居粮食作物首位，长江下游和太湖流域一带成为丰饶的粮仓，出现了"苏湖熟，天下足"的谚语。苏湖指苏州和湖州；长江下游和太湖流域成为粮仓。

（3）经济作物：①茶树：南方各地普遍种植茶树。②棉花：南宋后期，棉花种植区已向北推进到江淮和川蜀一带。

二、手工业的兴盛

1. 纺织业。

（1）北宋时，南方的丝织业胜过北方，四川、江浙地区的丝织生产发达。

（2）南宋后期，棉纺织业兴起，海南岛已有比较先进的棉纺织工具，棉纺织品种类较多。

2. 制瓷业。

（1）宋朝是中国瓷器发展史上的辉煌时代。

（2）河北定窑、河南汝窑、浙江哥窑等地的瓷器，给人别致的美感。

（3）北宋兴起的江西景德镇，后来发展成著名的瓷都。

（4）南宋时，江南地区已成为我国制瓷业的中心。

3. 造船业。

（1）广州、泉州、明州的造船业有很高的水平，在当时居于世界领先地位。

（2）北宋东京郊外，建有世界上最早的船坞。

（3）南宋制造的海船，配备了指南针。

三、商业贸易的繁荣

1. 商业城市的发展表现。

（1）宋朝商业的繁荣超过了前代，黄河、长江及运河沿岸兴起宋代《耕获图》，兴起了很多商业城市，最大的是开封和杭州，人口多达百万。

（2）城市中的店铺不断增加，街道以及宅巷之内到处可以开设店铺。

（3）经商的时间不再受限制，出现了早市和夜市。

（4）在乡镇形成了新的商业区，叫作草市；在城市与乡村之间的市镇也发展成为重要的商业贸易区。

2. 海外贸易。

（1）宋朝的海外贸易也超过前代，成为当时世界上从事海外贸易的重要国家。

（2）广州、泉州是闻名世界的大商港。中国商船的踪迹，近至朝鲜、日本，远达阿拉伯半岛和非洲东岸。

（3）朝廷鼓励海外贸易，在主要港口设立市舶司，加以管理。

3. 纸币的产生。

（1）原因：商贸的繁荣也促进了货币交易量的增长，但长期以来市场上流通的金属货币，携带很不方便。

（2）时期、地点、名称：北宋前期、四川地区、"交子"。

（3）地位：交子是世界上最早的纸币。

（4）发展：南宋时，纸币发展成与铜钱并行的货币。

张择端《清明上河图》（局部）　　北宋纸币铜版拓片　　南宋纸币会子铜版拓片

四、经济重心南移

1. 时间：从唐朝中期开始的经济重心南移，到南宋时完成。

2. 表现：中央的财政收入，主要来自南方，特别是东南地区。

3. 过程：我国经济重心以秦岭—淮河为界，其南移过程可分为三个时期：东汉后期，江南地区经济开始得到发展；南朝时，北方人口大量南迁，江南经济得到进一步发展；从唐朝中晚期至两宋时期，南方的战乱较少，北方人口大批南迁，带去了先进的生产技术，使南方经济发展速度加快，逐渐超过北方。南宋时，经济重心的南移最终完成。

4. 原因：北方战乱而南方相对安定。政府重视、扶持。北方人民南迁，带去了先进的生产技术和劳动力（重要原因）。南方自然条件优越。南北方劳动人民共同辛勤劳动，开发了江南。

5. 启示：要维护和平稳定的经济发展环境。要提高劳动者素质，重视科技进步。要坚持改革开放，实施鼓励发展经济的政策。要坚持可持续发展战略，合理利用资源。

6. 影响。

（1）对我国交通贸易的影响。由于经济重心的南移，造成了南方沿海城市的迅速发展，海上交通和运输也有了很大的改善。在南宋完成经济重心南移后，南方城市一直到现在都受益匪浅。

（2）对人口分布的影响。人口的转移一定程度上导致了经济重心由北向南迁移，而经济重心的南移又反过来促使北方人民进一步南迁。南方的人口迅速膨胀，我国南部、东南部人口在全国总人口中的比重不断增长。

（3）对人才教育的影响。经济重心的南移，导致了南方人才辈出。

（4）对民族关系的影响。经济重心的南移，使我国各民族更好地融合在一起，北方人民的南迁，使游牧民族和汉族有了更深、更广泛的交流和合作，促进了民族多样性和统一性的发展。

1. 宋朝经济发展的表现。

	类别	发展表现	集中的区域
农业	粮食作物	占城稻的引进与推广；长江下游和太湖流域成为重要粮仓；水稻产量跃居粮食作物首位	苏州、湖州等
	经济作物	茶树、棉花的种植得到推广	福建、广东等
手工业	纺织业	北宋时，南方丝织业胜过北方；棉织业在南宋后期兴起	四川、江浙、海南岛
	制瓷业	河北定窑、河南汝窑等比较出名；江西景德镇在北宋时兴起，后成为瓷都；南宋时，江南地区成为制瓷业中心	江南地区
	造船业	居当时世界领先地位，广州、泉州、明州的造船水平高超	广州、泉州、明州
商业	商业城市的发展	兴起了很多商业城市，最大的是开封和杭州；城市商业经营出现了早市和夜市；城市中到处可开设店铺，城乡之间的市镇成为重要商贸区，乡镇出现草市	杭州、开封
	海外贸易	海外贸易超过了前代，成为当时世界上从事海外贸易的重要国家；广州、泉州是闻名世界的大商港；海外贸易区域范围扩大；南宋的外贸所得，在财政收入中占重要地位	广州、泉州
	货币	北宋前期，四川地区出现"交子"。交子是世界上最早的纸币。南宋时，纸币发展成与铜钱并行的货币	四川

2. 宋朝海外贸易发达的原因。

宋朝农业、手工业、商业的发达为海外贸易的发展奠定了基础。宋朝有发达的造船业，配备了先进的指南针，能够进行远洋航行。宋朝对海外贸易实行鼓励政策，在主要港口设置市舶司加以管理，从而大大促进了海外贸易的发展。两宋时期，北方民族政权并立，陆上丝绸之路受到阻碍，政府转而大力发展海上贸易。

3. 经济重心南移的过程。

东晋南朝：趋向平衡。西晋灭亡以后，南方地区经历了东晋南朝的政权更替。东晋南朝时期江南经济的开发使南北经济差距缩小、趋向平衡，为以后我国经济重心的逐渐南移打下了基础。

隋唐五代：开始南移。隋唐时期，南北方经济均获得极大发展。江南地区的土地资源得到进一步开发，成为重要的粮食产地。但是"安史之乱"以后，北方出现了藩镇割据的局面，北方经济再次受到严重破坏，至唐朝后期，已经出现了"赋之所出，江淮居多"的现象，我国的经济重心开始南移。五代十国时期，北方战乱频繁，而南方战祸较少，相对安定。整个五代时期，我国的经济重心继续南移，南方日益成为全国经济的发达地区，人口数量超过了北方。

两宋时期：最终完成。两宋时期，北方同样战乱频繁。北宋灭亡以后，南宋政权偏安于东南一隅，使南方经济进一步发展。当时太湖流域流传着"苏湖熟，天下足"的谚语，表明江南的农业生产已经超过北方，完全取代了北方经济重心的地位。至元朝，为解决

"南粮北运"问题，大力兴办漕运，开辟了规模空前的海运，足以说明南方经济的重要性。可见，南宋是中国古代经济重心南移最终完成的阶段。明清时期，南方经济中心的地位得到巩固和发展。

我国古代经济重心南移具有三个明显特征：北方人民大批南迁，带去了先进的生产技术和经验，体现了当时生产力的最高水平；南移趋势往往在国家分裂或割据战乱时最突出；政治中心的南移对经济重心的南移有一定影响。

阅读思考

一、问题思考

想一想：商业贸易的兴盛对社会生产和人们的生活有什么好处？

社会生产方面：商业贸易是商品交换的表现形式，是联系工业和农业、城市和乡村、生产和消费之间的桥梁。它的兴盛将有利于农副产品和手工业产品的交换，推动国内市场和海外贸易的发展，从而激活社会经济的发展。

社会生活方面：商业贸易使社会上的产品种类更多，生活方式也更加丰富，经济收入得到提高，从而改善人们的生活质量。

二、课后活动

1. 阅读史料并回答问题。

材料一：《东京梦华录》卷二记载北宋首都开封店铺林立，"屋宇雄壮，门面广阔，望之森然，每一交易，动即千万，骇人闻见"。

材料二：《梦粱录》卷十三记载南宋首都临安"万物所聚，诸行百市"，"自大街及诸坊巷，大小铺席，连门俱是，即无虚空之屋"。

根据材料，说一说宋朝大都市商业繁荣的景象。

材料一反映出北宋都城开封店铺林立，商家实力雄厚，交易量大。

材料二反映出南宋都城临安商业范围广，店铺遍及大街小巷，有一定的规模，商品种类繁多。

2. 探讨宋朝出现纸币的原因及它的作用。

原因：商品经济的发展、纸币便于携带。

作用：有利于商品的流通，进一步促进商品经济的发展。

第 10 课　蒙古族的兴起与元朝的建立

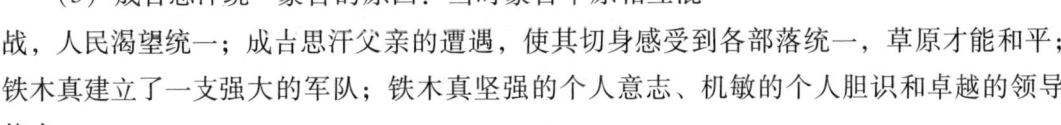

要点阐释

一、成吉思汗统一蒙古

1. 蒙古族的兴起。

（1）活动范围：蒙古族是中国北方一个古老的民族，原先活动在大兴安岭北端，后来向西迁徙，进入草原地区。

（2）生活方式：蒙古族善于骑射，逐水草而居，过着游牧的生活。

（3）生活状况：12 世纪时，蒙古草原上分布着许多部落，相互之间为争夺人口、草场、水源、牲畜而频繁发生战争，生灵涂炭。

（4）心愿：人们盼望草原统一起来，结束战争。

2. 蒙古统一。

（1）统一：蒙古族各部的统一是由铁木真完成的。铁木真率部多次征讨，逐一打败了草原上各个强大的势力。

（2）建立政权：1206 年，铁木真建立蒙古政权，他被拥立为大汗，被尊称为成吉思汗。

成吉思汗像

（3）成吉思汗统一蒙古的原因：当时蒙古草原相互混战，人民渴望统一；成吉思汗父亲的遭遇，使其切身感受到各部落统一，草原才能和平；铁木真建立了一支强大的军队；铁木真坚强的个人意志、机敏的个人胆识和卓越的领导能力。

3. 巩固统治措施及作用。

（1）军事方面：建立一支护卫部队。

（2）行政方面：建立了军事、行政和生产相结合的制度；建立司法机构。

（3）文化方面：创制蒙古文字。

（4）作用：促进了蒙古族的发展壮大。

4. 成吉思汗最突出的功绩：统一蒙古，建立蒙古政权。

二、蒙古灭西夏与金

1. 蒙古灭西夏。

成吉思汗率领蒙古军队首先进攻西夏，在蒙古军队的进攻下，1227 年西夏灭亡。

2. 蒙古灭金。

（1）过程：蒙古和南宋结盟，南北夹击金朝。1234年，蒙古灭金。

（2）影响：金朝灭亡后，南宋和蒙古直接对峙的局面形成。

3. 蒙古与南宋的对峙：金朝灭亡后，南宋和蒙古直接对峙的局面形成。蒙古军队南下进攻南宋，双方之间的战争前后持续了40多年。

三、元朝的建立与统一

1. 元朝的建立。

（1）建立：1260年，忽必烈继承汗位；1271年，改国号为元，1272年定都大都。

忽必烈

（2）统治措施：接受了汉族儒臣提出的"行汉法""行仁政""不嗜杀"的建议，施行"治国安民"的方略。广开言路，整顿吏治，注重农桑。忽必烈依照中原王朝的统治方法，设立各种机构，建立年号。

（3）忽必烈推行中原地区制度和文化的影响：政治上，通过制度革新，元政府有效遏制了割据势力，加强了中央集权，有利于统一的多民族国家的巩固和发展。经济上，改革初期便使社会经济全面复苏，加强了对边远地区的开发和管理。民族关系上，促进了民族交往，有利于民族交融。

2. 元朝的统一。

（1）南宋灭亡。

背景	元朝建立后，继续进攻南宋
灭亡	1276年，元军攻入南宋都城临安，南宋灭亡
抗元斗争	南宋大臣陆秀夫、文天祥等人拥立南逃的宋宗室成员，继续展开抗元斗争。抗元英雄文天祥留下"人生自古谁无死，留取丹心照汗青"的名句

（2）元朝统一：1279年，元军攻灭南宋残部。

（3）元完成统一的意义（作用）：元灭南宋，完成了全国的统一，结束了我国历史上较长时期的分裂割据局面，为统一的多民族国家的进一步发展奠定了基础。

（4）忽必烈的功绩：建立元朝，灭亡南宋，统一全国。

📖 **知识拓展**

1. 成吉思汗的历史功绩。

完成了统一蒙古的历史使命。从此，蒙古草原结束了长期混战的局面。1206年，建立蒙古政权。实行军政合一的国家体制。创制了蒙古文字，颁布了法律。最突出的功绩：统一蒙古，建立蒙古政权。

2. 如何理解"元朝统一，符合历史发展潮流，是进步的；同时文天祥抗元也是正义的"？

元统一的进步性是不争的事实。肯定元灭南宋统一全国：是因为统一结束了民族政权长期对峙的局面，有利于社会经济的发展，有利于民族融合，有利于统一的多民族国家的发展。但是元统一过程中对南宋发动的战争，使南宋境内汉族人民遭受残酷的屠杀和压迫，导致民族矛盾十分尖锐，这也是不可否认的事实。我们必须看到事物的两个方面。赞扬文天祥抗元是因为元南下对南宋人民的利益构成威胁，文天祥代表南宋人民的利益，反抗民族压迫、民族掠夺，更因为文天祥坚贞不屈，表现了一种崇高的气节，值得钦佩和学习。因此，我们肯定文天祥抗元，并不否定元统一的进步性，只是二者的角度不同。

3. 我国历史上实现民族融合的具体方式。

我国历史上民族融合的方式主要有：民族迁徙，杂居相处；经济文化的友好交流；联合斗争，即在反抗各族统治者的剥削压迫的斗争中，各族人民加强联系和友谊；某些少数民族统治者进行的改革也起到了加速民族融合的作用；民族之间的战争在客观上也有助于民族融合；和亲怀柔政策。

阅读思考

一、问题思考

想一想：忽必烈采纳汉族儒臣的建议，推行中原地区的各种制度与文化，这对他完成统一大业有什么作用和影响？

忽必烈采纳汉族儒臣建议，推行中原地区的各种制度与文化，一方面取得了汉族地主阶级对元政权的认可支持，有利于蒙古政权的封建化与民族交融；另一方面有利于安定社会秩序，促进社会经济的恢复和发展，增强元朝军队实力，为元朝完成统一大业奠定了坚实的基础。

二、课后活动

1. 在蒙古族的历史文献《蒙古秘史》中，对 12 世纪的蒙古草原有这样的描述：有星的天旋转着，众百姓反了，不进自己的卧内，互相抢掠财物。有草皮的地翻转着，全部百姓反了，不卧自己被儿里，互相攻打。

这一描述反映了蒙古草原上的什么局面？这一局面后来又是怎样改变的呢？

这一描述，反映了 12 世纪时蒙古草原上蒙古诸部互相混战、社会动荡不安的情景。

这种战争给蒙古人民带来了深重的苦难，他们渴望摆脱战乱，结束分裂，过上和平安定的生活。铁木真即后来的成吉思汗，顺应人民的愿望和历史发展的要求，以非凡的智慧、卓越的组织才能和坚强的性格，组织了一支强大的军队，经过多年的战争，实现了蒙古的统一，并在 1206 年建立起蒙古政权，结束了蒙古诸部互相混战、社会动荡不安的局面，对蒙古社会的发展起到了积极的作用。

2. 将下列事件按发生的先后顺序进行排列。

忽必烈继承汗位；南宋灭亡；蒙古灭金；元朝建立；铁木真统一蒙古各部；西夏灭亡。

按先后顺序排列：铁木真统一蒙古各部（1206年）→西夏灭亡（1227年）→蒙古灭金（1234年）→忽必烈继承汗位（1260年）→元朝建立（1271年）→南宋灭亡（1276年）。

第11课　元朝的统治

要点阐释

一、元朝的疆域

1. 元朝政权性质、特点：元朝是我国历史上第一个由少数民族贵族为主建立的全国性的统一王朝。

2. 疆域。

（1）范围：元朝疆域"北逾阴山，西极流沙，东尽辽左，南越海表"，超越汉朝和唐朝。今天的新疆、西藏、云南，东北广大地区，台湾及南海诸岛，都在元朝的统治范围之内。

（2）疆域特点：元朝的版图是我国历史上最大的。

3. 民族融合。

（1）表现：①元朝时候边疆各族包括蒙古族，大量迁入中原和江南，同汉族等杂居相处。②原先进入黄河流域的契丹、女真等族，经过长期共同生活，已同汉族没有什么区别。③唐朝以来，不少来自波斯、阿拉伯的人，同汉、蒙、畏兀儿等族，长期杂居相处，互通婚姻，逐渐融合，开始形成一个新的民族——回族。

（2）影响：元朝境内大规模的人口流动，促进了各族经济、文化的发展与融合。

二、行省制度

1. 背景：元朝建立后，忽必烈在汉族知识分子的帮助下，参照中原历代王朝的统治方式逐步确立了君主专制的中央集权制度。

2. 目的：加强中央对全国的管理，加强中央集权，巩固统治。

3. 内容。

（1）在中央：①由中书省掌管全国的行政事务，下设吏、户、礼、兵、刑、工六部，分管各项政务。②设枢密院负责全国的军事事务，调度全国的军队。③设御史台负责监察事务。

（2）在地方：①元朝把山东、山西和河北称作"腹里"，直属于中央的中书省。②其他地区除了吐蕃、畏兀儿地区之外，设立了岭北、辽阳、河南、陕西、四川、甘肃、云南、江浙、江西、湖广10个行省，在行省之下继承前代的制度，设置路、府、州、县。这一行政区划与管理制度被称为"行省制度"，在历史上影响深远。

4. 行省制度的作用及影响：进一步巩固了空前辽阔的疆土，加强了内地和边疆各民族之间的联系，促进了多民族统一国家的发展。基本上奠定了中华民族的历史疆域。对后代政治制度有深远影响，行省成为我国地方行政机构，一直保留到今天。

5. 评价行省制度。

（1）对郡县制管辖方式的继承与发展，适应了元政府管理辽阔疆域的需要，有利于加强对边区的管辖，有利于中央集权的加强，有利于统一的多民族国家的巩固和发展。

（2）加强了中央对边疆地区的管辖，特别是台湾、西藏成为中央直接管辖的一个行政区，进一步巩固了空前辽阔的疆土。基本上奠定了中华民族的历史疆域。

（3）为我国明清以后的行政划分奠定了初步基础，省作为最高行政区划沿用至今。我们今天的行政区划与元朝行省制度是一脉相承的。行省制度最突出的影响是各族人民统一在一个中央政府管辖之下，便于民族之间的友好相处和交流，促进了民族融合，使中华民族的向心力和内聚力加强，成为一个不可分割的整体。加强了内地和边疆各民族之间的联系，促进了统一的多民族国家的发展。

三、元朝对边疆地区的管辖

1. 目的：为了对辽阔的疆域进行有效治理。

2. 方式：采取因地制宜的方式，在东北、西北、东南、西南等地区设置相应的管理机构，加强中央对这些地区的统治。

3. 具体措施（表现）。

（1）对台湾的管辖：在澎湖岛设置了澎湖巡检司，负责管辖澎湖和琉球。澎湖巡检司是历史上中央政府首次在台湾地区正式建立的行政机构。

（2）对西域的管辖：元朝设立北庭都元帅府等机构管理西域的军政事务，加强了对西域的管辖。

（3）对西藏的管辖。

①蒙古对西藏的管辖：一是蒙古统治者早在进攻南宋的同时，就开始对西藏地区用兵招降。1247年，蒙古王子阔端与吐蕃地方政教首领萨迦班智达在凉州（今甘肃武威）会晤，共同议定吐蕃各地归附蒙古。二是蒙古统治者在西藏统计户口，设置驿站。

②元朝对西藏的管辖：在西藏设立宣慰使司都元帅府，由宣政院直接统辖，掌管西藏的军民各项事务。在当地设置地方机构，征收赋税，屯驻军队，实行完整而有效的管理。西藏正式成为中央直接管辖下的一个地方行政区域。

📖 知识拓展

1. 元朝在我国历史上的贡献。

元朝结束了唐末五代以来的割据和分裂局面，统一全国。疆域幅员辽阔，大体确定了中国后来疆域的轮廓。元朝行省制度的设立巩固了国家的统一，是我国政治制度史上的一项重大改革，对后世行政区划影响很大。元朝的统一促进了民族大融合。形成了新的民族——回族。元朝设立澎湖巡检司，管辖澎湖与台湾地区。这是中国中央政府对台湾地区实施行政管理的重要标志。元朝在中央设置宣政院，主管全国的佛教事宜和西藏的军政要务。从元朝开始，西藏地区已被正式纳入中央政府的直接管辖之下。

2. 行省制度图。

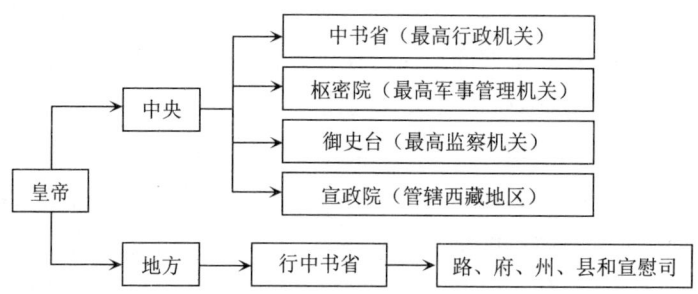

3. 宋元时期政权采取的巩固统治的措施。

朝代	措施
北宋	①加强中央集权： 军事上，解除禁军将领的兵权，控制对军队的调动，经常调换军队将领，定期换防 政治上，在中央分化事权，削弱相权；在地方派文臣担任各地州县的长官，还设置通判 财政上，取消节度使收税的权力，后在地方设置转运使将地方财赋收归中央 ②重文轻武的政策，使文臣统兵的格局逐渐形成 ③注重发展文教事业，改革和发展科举制
辽	发展生产，创制文字
西夏	仿效唐宋制度，订立官制、军制和法律，并鼓励垦荒，发展农牧经济，还创制了西夏文字
金	模仿中原王朝制度，改革女真部落军政体制，颁行女真文字，发展生产
元	①在中央，由中书省掌管全国的行政事务，下设吏、户、礼、兵、刑、工六部，分管各项政务；设枢密院负责全国的军事事务，调度全国的军队；设御史负责监察事务 ②在地方，实行行省制度 ③对边疆地区的管辖方面，例如在东南地区，元朝设置澎湖巡检司，负责管辖澎湖和琉球；设置北庭都元帅府等机构管理西域的军政事务；在西藏地区设立宣慰使司都元帅府，由宣政院直接统辖，掌管西藏的军民各项事务

4. 比较分封制、郡县制和行省制。

	分封制	郡县制	行省制
盛行时期	西周	秦汉	元朝
与中央的关系	诸侯国相对独立，权力、地位世袭	中央政府下属行政机构，郡县长官由朝廷直接任免	地方最高行政机构，行政长官直属中书省
实行条件	与宗法制相连	国家大一统	
建立基础	以血缘关系为基础	按地域划分	
作用和影响	一定时期内产生过积极作用，但从长远看破坏了国家统一	不仅在当时有效地加强了中央集权，维护了国家统一，而且经过后世的发展和完善，其积极作用越来越明显	
相同点	都是我国古代重要的地方行政制度；目的都是巩固统治；都在一定时期内产生过积极作用，都对后世产生了重大影响		

一、材料研读

查看元朝疆域图。想一想：与汉唐时期的疆域相比，元朝的疆域有什么拓展？

元朝疆域"北逾阴山，西极流沙，东尽辽左，南越海表"，大大超越了汉朝和唐朝。与汉唐疆域相比，今新疆、西藏、云南，东北广大地区，台湾地区及南海诸岛都在元朝的统治范围之内。元朝的版图是我国历史上最大的。

二、问题思考

想一想：元朝对西藏地区的有效管理，在中国的国家发展和民族关系发展史上有什么重要的意义？

使西藏正式成为中央政府直接管辖的一个地方行政区域，维护了国家统一，促进了民族交融与团结，也促进了统一的多民族国家的巩固和发展。

三、课后活动

1. 从统一的多民族国家发展的角度，说一说元朝统一的历史意义。

结束了唐末以来分裂割据和几个政权并立的政治局面，为以后各朝代保持统一局面打下了坚实的基础；大体确定了中国后来疆域的轮廓；极大地促进了我国统一的多民族国家的巩固和发展。社会经济继续发展，中外交往频繁。实行行省制度，加强对内地和边疆的管辖。促进民族融合、边疆地区的开发。

2. 想一想：今天中国的省，从建制到名称上与元朝的行省制度有什么关系？

今天中国的省作为地方一级行政区域，其建制和名称都来源于元朝的行省制度。

第 12 课　宋元时期的都市和文化

要点阐释

一、繁华的都市生活

1. 都市：北宋的开封、南宋的临安、元朝的大都，都是当时世界上著名的大都市。
2. 都市生活。
（1）在北宋的开封，最为繁华的是大相国寺。
（2）瓦子。

背景	随着城市的繁荣，宋代的市民阶层不断壮大，市民文化生活丰富起来
含义	开封城内有许多娱乐兼营商业的场所，即"瓦子"
概况	瓦子中圈出许多专供演出的圈子，称为"勾栏" 勾栏内商业广告琳琅满目，各种艺人在这里卖艺谋生，瓦子里还有许多摊位，十分热闹。南宋临安的文化娱乐业更为发达，城中有大瓦、中瓦、下瓦、南瓦等多处，城外还有十多处瓦子
评价	从起源上看，瓦子的产生，是宋代城市繁荣、商业发展、市民阶层队伍扩大的结果；从内容上看，瓦子既有物质方面的又有精神生活方面的；从趋势上看，宋代市民文化生活的趋势：商业化（以营利为目的，有专门以此为生的艺人）、通俗化（内容接近百姓生活）、大众化（市民参与的普及性）

（3）杂剧。

地位	宋元时期戏剧表演的主要形式
内容	包含说唱、杂技、歌舞、傀儡的技艺在内
场所	在大城市和地方郡邑的集市、繁华市区、勾栏瓦舍等场所进行演出
形成	形成于宋代
兴盛	元朝建立后，元杂剧在以大都为中心的北方地区兴盛起来
发展	元朝南北统一后，元杂剧传入南方，演出活动遍及城乡各地，为广大民众所喜爱

（4）节日：今天的传统节日如春节、元宵节、中秋节等，在宋代都有了。一些节日习俗，如春节燃放鞭炮、相互拜年、元宵节挂彩灯、划旱船、端午节吃粽子、赛龙舟等节日习俗，流传至今。

（5）易错易混：宋代称春节为元旦。

二、宋词

1. 出现及发展：词在唐朝时已经出现，经五代到两宋，成为宋代主要的文学形式之一。

2. 词的特点：一种新体诗歌，句子有长有短，也称长短句，便于歌唱；每首词依据乐谱的要求，有一定的格式，即词牌，如《念奴娇》《满江红》《蝶恋花》等。

3. 内容变化：北宋前，内容大多是描写女性伤离怨别的心境或花前月下的景色，到宋代才有较大的变化，风格多样，内容广泛。

4. 代表人物。

词人	时代	成就
苏轼	北宋	文学家，改进了词的创作，扩大了词的境界，提高了词的格调 其词风豪迈而飘逸，把写景、抒情和议论结合在一起，收到引人入胜、激发情感的艺术效果
李清照	两宋之交	女词人，词风委婉、细腻、清秀 其作品以北宋灭亡为界限，前期描写真挚的夫妇情感，后期反映战乱带来的灾难，抒写深沉的忧患情怀。
辛弃疾	南宋	继承苏轼以来的豪放词风，具有报国情怀，词境雄奇阔大，气势磅礴，震撼人心，进一步提高了词的社会功能和在文学史上的地位

苏轼像

李清照像

山东济南辛弃疾纪念馆

关汉卿像

三、元曲

1. 概况：元朝戏剧空前发达，出现了元曲。元曲包括散曲、杂剧和南戏等。杂剧把音乐、歌舞、动作、念白融合在一起，成为一种综合性的艺术。元代杂剧作家有 200 人左右，剧目 600 种左右，现存的有 150 多种。

2. 名家：关汉卿，元代最优秀的戏剧家，代表作是悲剧《窦娥冤》。

3. 元曲四大家：关汉卿、马致远、郑光祖、白朴，在明代以后被誉为"元曲四大家"。

4. 司马光和《资治通鉴》。

（1）作者介绍：司马光，北宋著名史学家、政治家。

（2）著作体例：编年体通史巨著。

（3）叙述内容：记述了从战国到五代共 1300 多年的历史，纵观中国 16 个朝代。

（4）书名由来：《资治通鉴》书名意思是"鉴于往事，有资于治道"，即以历史的得失作为鉴戒来加强统治。

（5）地位：司马光的《资治通鉴》与司马迁的《史记》，并列为中国史学的不朽巨著，他们也被后人称为"史学两司马"。

知识拓展

1. 宋元文化繁荣的原因。

高起点，是在隋唐文化基础上的继续发展。宋元时期的政治和经济，为文化的发展提供了良好的条件。宋朝城市空前繁荣，航海和对外贸易空前活跃。元朝实现了全国的统一，疆域空前辽阔，对外海陆交通空前发达，中外经济文化交流十分频繁。政府的重视和提倡。一些杰出史学家、文学家和艺术家的努力。

2. 宋元时期绘画和书法成就。

朝代	代表人物	代表著作	特点（或内容）
宋朝	张择端	《清明上河图》	描绘北宋东京汴河沿岸风光和繁华景象
元朝	赵孟頫	《秋郊饮马图》	他的作品被称为"神品"

书法：宋元时期，盛行行书。宋四家：苏轼、黄庭坚、米芾、蔡襄。元代书法家是赵孟頫。

3. 史学上的"两司马"。

史学家	年代	著作	体例	叙事范围
司马迁	西汉	《史记》	纪传体通史	黄帝到汉武帝时期
司马光	北宋	《资治通鉴》	编年体通史	战国到五代

4. 宋词和元曲比较。

		宋词	元曲
不同点	背景	宋代农业、手工业和商业都获得很大发展，城市繁荣，市民阶层壮大	元朝疆域辽阔，城市经济繁荣，各民族文化交流频繁
	特点	既能和乐而唱又讲求格律，具有高度的音乐、韵律美和浓郁的生活气息	将音乐、歌舞、动作、念白紧密结合，虚拟与实演相生，形态与神理兼备
相同点		都是社会生产发展和商品经济繁荣的产物，由曲、词、律三大要素组成；都是古代文学宝库中的珍品，出现了很多著名的作家和作品，代表一代文学之盛 直到今天，它们仍在陶冶人们的情操，给人们带来艺术享受	

阅读思考

1. 宋代的市民文化娱乐活动丰富多彩。想一想：这与经济的繁荣和城市的发展有何关系？

两宋时期，社会经济进一步发展，城市商业贸易繁荣，为丰富多彩的市民文化娱乐活动的出现提供了物质基础；同时，城市发展，市民阶层壮大，社会需要丰富多彩的文化娱乐活动，以满足市民的文化生活要求，这是市井文化生活滋长的内在动力。

2. 说一说你所知道的苏轼、李清照、辛弃疾的词作名篇。

苏轼：《念奴娇·赤壁怀古》《水调歌头·明月几时有》等。

李清照：《一剪梅》《声声慢》《醉花阴》等。

辛弃疾：《破阵子·为陈同甫赋壮词以寄之》《菩萨蛮·书江西造口壁》等。

第 13 课 宋元时期的科技与中外交通

要点阐释

一、活字印刷术的发明

1. 雕版印刷术：我国隋唐时期发明，促进了文化的发展。

缺点：雕版印刷刻版费工费时，而且刻好的版只能印制一种书籍。

2. 活字印刷术。

（1）时间：北宋。

（2）发明者：毕昇。

（3）制作方法：①用胶泥刻字，然后用火烧制，使字模变硬。②制版时，在一块四周有框的铁板上撒上松脂、石蜡和纸灰等，将烧制好的字模在铁板上排成版，用火将铁板中的松脂熔化，将字版压平，这样就

毕昇像

可以印书了。③印完之后，再将松脂熔化，泥字拆开，然后又可以再次排版。

（4）制作工序：胶泥刻字→烧制字模→排字固版→印刷拆版。

（5）发展：①此后，能工巧匠们又发明了木活字。②到了元代，著名的科学家王祯在《农书》中对木活字技术作了系统的总结并有所创新，发明了转轮排字法。③元朝中期出现铜活字印刷。

3. 活字印刷术的意义：对人类文明的发展产生了重大的影响。

4. 活字印刷术的传播：13 世纪时，活字印刷术传入朝鲜，之后传到日本及东南亚地区，又经丝绸之路传到波斯，后来经过蒙古人的西征等途径传入欧洲。

泥活字版

5. 活字印刷术比雕版印刷术进步的表现。

（1）省时。雕版刻字费时多，活字排版方便省时。

（2）省力。活字印刷术中转轮排字盘等配套工具的使用，大大提高了排字印刷的效率。

（3）省材。雕版印刷术在出书后，如不需要再印，所雕的木版就全部作废了。活字印刷所用的活字可以反复使用。

二、指南针、火药的应用

1. 指南针的发明与传播。

（1）司南。

时间	战国时期
概念	战国时人们利用天然磁铁制成指南的工具，称为"司南"
使用介绍	司南的形状像一把汤匙，放置在铜制的方形地盘中，地盘四周刻有 24 个方位。司南在光滑的盘中转动，当它停下来时，匙柄就指向南方

（2）指南针。

时间	宋代开始用人造磁铁制成指南的工具
罗盘	人们把带有磁性的钢针放在碗边，或用线将针悬起，钢针就可以灵活地指向南方。后来，人们把这种有磁性的钢针安置在刻有度数的盘中，于是就制成了罗盘
应用	北宋末年，中国的海船上开始用指南针
传播	乘坐中国海船的阿拉伯商人将指南针传到阿拉伯国家，后来又传到欧洲
影响	大大促进了世界远洋航海技术的发展

2. 火药的发明应用与传播。

（1）发明：唐朝时，中国人已经发明了火药。

（2）应用：唐朝末年，火药开始运用到军事领域。宋元时期，火药武器广泛用于战争。

（3）火药武器：①人们主要利用火药的特性，制成爆炸性武器，或者用来制成管形火器。②宋金战争中，宋军使用了火器，而金人从宋人那里学会了制造、使用火药武器。③蒙古人在灭

宋代火器（模型）

金、灭宋的战争中，也大量使用了火器。④元朝用金属做筒，取代竹筒，发明了火铳，这比以前的突火枪威力更大。

（4）点拨补充：突火枪是枪炮的始祖，从此揭开了世界军事史上热兵器时代的序幕。

元代火铳

（5）传播：中国的火药和烟火在 13 世纪传入阿拉伯地区，14 世纪初又经阿拉怕传到了欧洲。

（6）意义：火药的发明和传播，对欧洲的火器制造和作战方式产生了巨大影响，推动了欧洲社会的变革。

三、发达的中外交通

1. 原因：与前代相比，宋元时期的中外交通有了很大的发展。宋代由于航海技术的进步，南方的海上贸易频繁，海路交通发达。元朝建立后，陆路和海路交通的范围进一步扩大，开创了中外交通的新局面。

2. 陆路交通发达。

（1）陆上丝绸之路：在宋元时期成为通往西方的交通要道。

（2）宋元驿站：宋代驿站比较发达。元朝统治区域辽阔，为加强同各地的联系，修建了覆盖全国的陆路交通网，建立了四通八达的驿站。

（3）元代的陆路向西通往波斯、阿拉伯及俄罗斯等欧洲国家，使东西方的使臣、商人往来非常方便。

3. 海路交通发达。

（1）原因：宋元时期造船和航海技术有了较大的发展；中国的航海家除了使用指南针外，也初步掌握了潮汐、信风气象的规律；当时，海上交通发达，海外贸易繁荣。

（2）表现。

宋代海路交通	宋代的海路形成了多条航线，可通往日本、高丽、东南亚印度、阿拉伯等国家和地区，远至波斯湾及东非海岸
元朝海上交通	元朝时，海上交通范围有更大的拓展，海上丝绸之路进入鼎盛时期
贸易繁荣	宋元时，中国与阿拉伯、波斯以及东非之间有大量的商船定期往返，宋代时与中国有贸易关系的国家和地区有五六十个，元代时达到 140 多个

4. 作用及影响。

（1）陆路和海路交通的畅通，使中外经济、文化和科技的交流进一步发展起来（总的影响）。

（2）外传：中国的创造发明，如印刷术、火药、指南针、纸币和驿站制度等输往西方，天文、历法、农业、手工业生产技术传入亚洲各国，对欧亚国家的社会、经济发展起了重要作用。

（3）传入：西方的药物、天文、历法、数学等也传到中国。外来的数学技术与文化在元代受到重视。

1. 宋元时期科技文化发达的原因。

国家相对统一，社会相对安定，为其奠定了物质基础。宋元时期经济繁荣，经济重心南移完成，为科技的繁荣奠定了物质基础。宋元时期各民族的经济文化交流和民族大交融，为科技发展提供了条件。宋元时期战争频繁，促进了军事技术的提高。继承了前代的优秀科技成果等，如印刷术等。

2. 中国古代四大发明简表。

类别	朝代	成就
造纸术	西汉早期	世界上已知最早的纸
	东汉	蔡伦改进造纸术
印刷术	隋唐时期	唐朝印制的《金刚经》是世界上现存最早的、标有确切日期的雕版印刷品
	北宋	毕昇发明活字印刷术，比欧洲早约400年
指南针	战国时期	制成"司南"，这是世界上最早的指南仪器
	北宋	制成了指南针，并开始用于航海事业
	南宋	指南针广泛用于航海事业，由阿拉伯人传入欧洲
火药		火药是我国古代炼丹家发明的
	唐朝中期	有火药配方的记载
	唐朝末年	火药开始用于军事上
	宋元时期	火药武器广泛用于战争
	13、14世纪	传入阿拉伯和欧洲

3. 四大发明的发明和传播有何意义？

四大发明对人类在文化、经济、军事等领域的发展，提供了重要条件；对世界文明的进步作出了重大贡献；也是我国成为文明古国的重要标志。造纸术的发明，为人类提供了经济、便利的书写材料，是人类文字载体的革命；印刷术的出现，加快了文化的传播，改变了欧洲只有上等人才能读书的状况；指南针发明及应用于航海，促进了中国航海事业的发展，为欧洲航海家发现美洲和环球航行提供了重要条件，促进了世界贸易的发展；火药武器的使用，改变了作战方式，帮助欧洲资产阶级摧毁了封建堡垒，加速了欧洲的历史进程。

📖 阅读思考

一、材料研读

1. 朱彧（音玉）在1119年写成《萍洲可谈》一书，书中写道："舟师识地理，夜则观星，昼则观日，阴晦则观指南针。"

这是世界航海史上使用指南针航海的最早记录。想一想：指南针用于航海有什么好处?

指南针应用于航海,大大促进了世界远洋航海技术的发展,为郑和下西洋和世界地理大发现提供了重要条件,促进了世界贸易的发展。

2. 元有天下,薄海内外,人迹所及,皆置驿传,使驿往来,如行国中。

——《元史·地理志》

元朝建立了遍布全国的驿站,对政治、经济和文化的发展有什么作用?

驿站的普遍设置,加强了中央与地方的联系,推动了国内交通的发展,促进了国内各族人民的经济文化交流和边疆地区的开发。

二、课后活动

1. 阅读材料并回答问题。

17世纪英国著名的哲学家培根在他的著作《新工具》第1卷第13章中写道:"举世皆知的印刷术、火药和磁石,人类的世界因为这三种发明而为之改观。首先在学术上,其次在战争中,最后是在航行方面,而因此又引出了不计其数的变化。由此,人类的文明也得到了极大的发展。"

根据培根的评述,说一说中国古代的印刷术、火药、指南针等重大发明对世界文明的发展作出了怎样的重要贡献。

活字印刷术的出现,降低了制书成本,加快了图书的普及和文化的传播;火器的使用,改变了作战方式,促使冷兵器向热兵器转变,加速了世界历史的发展进程;指南针应用于航海,大大促进了世界远洋航海技术的发展,为郑和下西洋和世界地理大发现提供了重要条件。

2. 元朝在驿道上隔一段距离就设有"急递铺"。铺卒在接到紧急文书后,骑快马日夜兼程传到下一个急递铺,直到送达接收地。当时规定一昼夜要传递400里。

想一想:急递铺的方式,类似于今天邮政中的什么措施?

特快专递。邮政中的EMS。

第三单元
统一多民族国家的巩固和社会的危机

体系构建

统一多民族国家的巩固和社会的危机
- 明朝的统治
  - 明朝的建立：1368 年，朱元璋
  - 朱元璋强化皇权
    - 地方：取消行中书省，设"三司"
    - 中央：废除丞相制度和中书省，权分六部
    - 设立特务机构
  - 科举考试的变化：八股取士
  - 经济的发展
- 明朝的对外关系
  - 郑和下西洋：1405—1433 年，7 次
  - 戚继光抗倭
  - 葡萄牙攫取在澳门的居住权：1553 年
- 明朝的科技、建筑与文学
  - 科技：《本草纲目》《天工开物》《农政全书》
  - 建筑：明长城和北京城
  - 文学
    - 小说：《三国志通俗演义》《水浒传》《西游记》
    - 戏剧：汤显祖和《牡丹亭》
- 明朝的灭亡
  - 政治腐败与社会动荡
  - 李自成起义推翻明朝
    - 提出"均田免赋"口号
    - 1644 年，攻占北京，明朝灭亡
  - 满洲兴起和清兵入关
- 统一多民族国家的巩固和发展
  - 郑成功收复台湾：1662 年
  - 清朝在台湾的建制：1684 年，设置台湾府
  - 清廷对西藏地区的有效管辖
    - 册封达赖、班禅制度
    - 设置驻藏大臣：1727 年
  - 巩固西北边疆
    - 平定噶尔丹叛乱和大、小和卓叛乱
    - 设置伊犁将军
    - 土尔扈特部重返祖国
  - 雅克萨之战
    - 雅克萨之战：1685 年、1686 年
    - 《尼布楚条约》：1689 年
  - 清朝的疆域
- 清朝前期社会经济的发展
  - 农业生产的恢复和发展
  - 手工业和商业的发展
  - 人口的增长
- 清朝君主专制的强化
  - 军机处的设立：雍正帝时
  - 文字狱与文化专制政策
  - 不断加剧的社会矛盾
  - 闭关锁国政策
    - 过程：从"禁海令"到广州一处开放
    - 影响
- 清朝前期的文学艺术
  - 《红楼梦》：曹雪芹、高鹗
  - 昆曲和京剧艺术

第 14 课　明朝的统治

📖 要点阐释

一、明朝的建立

1. 背景（元朝灭亡的原因）。

（1）根本原因：元朝末年，政治十分腐败，各级官吏竭力搜刮民财，导致社会动荡，民不聊生。

（2）直接原因：1351 年，黄河下游地区爆发农民起义，很快发展到江淮地区，出现了多支反元队伍。其中，朱元璋领导的队伍逐渐强大，先是消灭东南各地群雄，然后向北进军。

2. 建立。

（1）时间：1368 年。

（2）建立者：朱元璋（明太祖）。

（3）都城：应天府（今江苏南京）。

3. 元朝灭亡的标志：1368 年，明军攻占元大都，结束了元朝对全国的统治。

朱元璋像

二、朱元璋强化皇权

1. 历史原因：朱元璋认为，元朝的灭亡是由于地方分权和朝臣的权力过大所致。

2. 目的：为了巩固统治。

3. 概况：朱元璋在积极恢复发展社会经济的同时，在政治上采取一系列措施，从地方到中央全面改革官制，以强化皇权。

4. 措施。

5. 影响及作用：地方和中央的各个部门，既互不统属，又互相牵制，各自直接向皇帝负责，这样就使皇权高度集中，君主专制大为加强。

在地方	取消行中书省，设立"三司"，使行省的权力分散 分封诸子为王，驻守各地，监控地方，巩固皇室
在中央	废除丞相制度和中书省，提升了吏、户、礼、兵、刑、工六部的职权，六部直接向皇帝负责
军事上	为分散兵权，朱元璋把原来的大都督府分为中、左、右、前、后五军都督府，将军队调动和武官任命的权力统归兵部，这样皇帝就直接掌握了军事大权
设立厂卫特务机构	为监视官民，朱元璋设立锦衣卫，由皇帝直接指挥，掌管侍卫、缉捕、刑狱诸事，保护皇帝，镇压官民；明成祖时期设立了同类机构东厂；这两个机构合称"厂卫"，成为皇帝的耳目和爪牙。厂卫特务机构的设置，是明朝君主专制强化的一种表现
思想上	八股取士

三、科举考试的变化

1. 目的：为加强思想控制。

2. 内容：明朝提倡尊孔崇儒。规定考试的题目必须来自"四书""五经"；对题目的解释，必须是以朱熹的《四书集注》为标准，不得随意发挥。

3. 形式：明朝科举对考试答卷的文体格式、段落划分，都有严格规定，要求答卷由8个部分组成，其中后四个部分为主体，每部分要有两股对仗的文字，被称为"八股文"。

4. 危害：八股文内容空疏，形式呆板，脱离实际，禁锢思想。应试的人为了能够被录取，只有死读"四书""五经"，成为皇帝旨意的顺从者。

四、经济的发展

1. 概况：明朝时，农业、手工业和商业，在前代基础上继续发展。

2. 表现。

农业		明代引进了原产于南美洲的玉米、甘薯、马铃薯、花生和向日葵等
手工业	纺织业	棉纺织业在明代已从南方推向北方，南北方都涌现出一批棉纺织业基地。苏州是明代的丝织业中心
	制瓷	景德镇是全国的制瓷中心，所产的青花瓷，造型多样，花纹优美，畅销海内外
商业		明朝的商品经济，也相当活跃。北京和南京是全国性的商贸城市，还出现了数十座较大的商业城市许多富人携带重金，积极从事商贸活动，出现了有名的商帮，如山西的晋商、安徽的徽商

📖 知识拓展

明朝与唐朝的科举制度的对比。

（1）相同点：都是通过考试来选拔官吏；基本特征都是分科考试、择优录用。

（2）不同点：①内容不同：唐朝考试内容为儒家经典、诗赋、政论等；明朝八股取士主要局限于"四书""五经"。②考试文体不同：唐朝未严格限制文体，明朝则是八股文。③具体目的的不同：唐朝是为了选才纳贤，明朝是为了严厉控制士人思想。④结果不同：唐朝的科举制选拔了人才，扩大了统治基础，并促进了唐诗的繁荣；而明朝的科举制则严重束缚了士人的思想，培养了皇帝的忠实奴仆。

（3）评价：人才是一个国家发展和繁荣的基础，唐朝的科举制为"贞观之治""开元盛世"提供了充裕的人才储备。而明朝的"八股取士"不仅摧残了人才，而且它带来的脱离实际的学风对中国科技、文化的发展造成了不好的影响。

✐ 阅读思考

一、问题思考

想一想：朱元璋对地方和中央官制的改动，最突出的特点是什么？

朱元璋对地方和中央官制的改动，最突出的特点是强化皇权，权力的分散与制衡。通过分散中央和地方的权力，防止朝臣和地方官员专权，从而加强了皇权。

二、材料研读

以后子孙做皇帝时，"并不许立丞相。臣下敢有奏请设立者，文武群臣即时劾奏，处以重刑"。

——《明太祖实录》

朱元璋立下这条"祖训"的目的何在？

为告诫后代，不得设立丞相。目的是防止朝臣专权，以加强皇权，巩固统治。

三、课后活动

1. 想一想：朱元璋废除丞相，强化皇权，这一举措有什么利弊得失？

利：克服了朝臣权力过大的弊端，巩固了明王朝的统治，形成了比较安定的政治局面，为经济的发展创造了有利的环境。

弊：皇权高度集中，地方政府必须严格服从中央政府的命令，没有独立性；不能广泛吸纳建议，容易形成专权，出现偏颇决策，不利于提高工作效率，给明朝的统治埋下了危机。

2. 议一议：八股取士对教育、选官等方面造成了什么样的负面影响？

明朝改革科举考试，导致教学内容单一，考试形式刻板，从而扼杀了创造性，不利于教育的发展；明朝改革科举考试，也使许多读书人埋头攻读经书，不讲求实际学问，培养出来的"人才"多是严守规矩和读死书、死读书之人，不利于选贤任能。因此，八股取士严重阻碍了中国古代思想文化和科学技术的发展与进步。

第 15 课　明朝的对外关系

要点阐释

一、郑和下西洋

1. 背景（前提条件）：15 世纪初，明朝经济繁荣，国力雄厚，成为世界强国。

2. 目的：明成祖为了提高明朝在国外的地位和威望，"示中国富强"，同时也用中国的货物换取海外的奇珍。

3. 概况。

（1）时间：1405—1433 年，郑和率船队 7 次下西洋。

（2）规模：规模之浩大，在世界历史上前所未有。

（3）满载物品：满载着中国的优质丝绸、精美瓷器、上等茶叶和漆器等各类物品，以及大量的金银货币。

（4）物品用途：这些物品有的是用于慷慨送礼，展现大国风度，发展相互之间的友好关系；有的是用于贸易，互通有无，互补互利。

（5）到达范围：郑和的船队先后到达亚洲、非洲的30多个国家和地区，最远到达非洲东海岸和红海沿岸。

（6）双方互动：所到之处，郑和及随行人员都要访问当地的首领，赠送物品，表达通好的意愿，同时与当地居民进行交易。船队回国时，一些国家还派出使者随行。

4. 历史意义。

（1）地位：郑和下西洋时间之长、规模之大，堪称世界航海史上的空前壮举。

（2）影响：不仅增进了中国与亚非国家和地区的相互了解和友好往来，而且开创了西太平洋与印度洋之间的亚非海上交通网，为人类的航海事业作出了伟大贡献。

郑和像

5. 特点：时间早且长，规模大；次数多；到达范围广；设备先进；影响深远；是世界航海史上的创举。

成功的原因和条件：明朝前期国力强盛、经济繁荣（根本原因）；指南针的运用和航海技术的发达；造船技术的发达，积累了丰富的航海经验；郑和吃苦耐劳、勇于探索和卓越的组织领导能力等；明政府的支持；和平外交政策。

6. 郑和精神：忠心报国、敢为人先、勇于探索、百折不挠、奋勇拼搏、和平友好、不畏艰难、敬业奉献。

7. 启示。

（1）国力强盛，经济发达才能在外交中占据主动权。

（2）科技发达，有杰出的人才，有富于团结协作精神的团队。

（3）对外开放，促进中国与世界各国之间友好关系，促进中国与世界各国之间经济往来。

（4）学好外语，提高自己的综合素质，增强自信心，为将来参与国际竞争做好准备。

（5）敞开国门，不断地吸纳各国先进的文化，国家富强了才能永远屹立于世界民族之林等。

二、戚继光抗倭

戚继光像

1. "倭寇"含义：中国古代称日本为倭国。元末明初，日本的一些武士和奸商，组成海盗武装集团，到中国东南沿海地区进行走私贸易和抢劫，故时人称为"倭寇"。

2. 背景（原因）：倭患严重，明朝中期，随着日本国内社会动荡加剧，特别是由于明朝国力减弱，海防松懈，倭寇与中国海盗、奸商等相勾结，对中国沿海的武装抢劫日益猖獗。所到之处，他们杀居民，劫财货，无恶不作，沿海各地受到重大破坏，时称"倭患"。

3. 将领：戚继光。

4. 组建"戚家军"。

目的	为了提高军队的战斗力，彻底打败倭寇
措施	戚继光大力整顿军队，并招募农民和矿工1000多人，进行严格训练，操练新阵法
结果	他统领的军队，由于训练有素、纪律严明、能征善战，被人们誉为"戚家军"

5. 经过。

（1）台州九战九捷：1561年，倭寇大举侵犯浙江。戚继光率军英勇作战，在台州九战九捷，先后歼灭倭寇10000多人，烧倭船无数，平定了浙东地区的倭患。

（2）戚继光又率军进入福建、广东地区，与其他抗倭将领一起带领广大军民与倭寇激战，先后消灭了两地的倭寇，使东南沿海的倭患基本解除。

6. 结果：使东南沿海的倭患基本解除。

7. 评价：戚继光领导的抗倭战争是一场反侵略的战争，他是我国历史上一位伟大的民族英雄。

8. 戚继光抗倭胜利的原因：抗倭斗争是正义的反侵略战争，得到人民群众的拥戴；戚家军作战勇敢，纪律严明；与其他爱国军民团结合作；戚继光卓越的军事韬略和指挥才能；明政府大力支持。

三、葡萄牙攫取在澳门的居住权

1. 背景：从16世纪开始，一些欧洲殖民者，相继来到我国沿海地区，进行侵略活动。
2. 概况：1553年，葡萄牙殖民者攫取了在我国广东澳门的居住权。

📖 **知识拓展**

南宋抗金英雄岳飞与明朝抗倭将领戚继光的比较。

相同点：都是在百姓生命财产遭受损害时受朝廷委派英勇战斗，都符合广大人民的利益；岳飞的"岳家军"和戚继光领导的"戚家军"都作战英勇，纪律严明；两人都具有卓越的军事韬略和指挥才能；在作战中都注意与其他军民配合作战；都具有优秀品质，不计较个人得失。

不同之处：岳飞是抗金英雄，而不是民族英雄；戚继光抗倭肃清了侵扰我国东南沿海的倭寇，捍卫了中国的主权，戚继光是我国历史上杰出的民族英雄。

📖 **阅读思考**

一、材料研读

《凯歌》

万人一心兮泰山可撼，惟忠与义兮气冲斗牛。主将亲我兮胜如父母，干犯军法兮身不自由。

号令明兮赏罚信，赴水火兮敢迟留？上报天子兮下救黔首，杀尽倭奴兮觅个封侯。

——《戚少保年谱耆编》

想一想：这首军歌表现了怎样的战斗意志？

这首军歌说明戚家军军纪严明，训练有素，能征善战，上下团结，作战能力强；也表达了戚家军同仇敌忾、不除倭患誓不罢休的决心。因此，这首军歌表现了戚家军面对侵略者，誓死捍卫国家安全以及面对困难毫不退缩的坚强意志。

二、问题思考

为什么说抗倭战争是反侵略战争？

明朝中期海防松弛，倭寇对中国沿海的武装抢劫猖獗。所到之处，倭寇杀居民，劫财货，无恶不作，威胁到沿海地区民众生命财产和国家安全。因此，戚继光等人领导的抗倭斗争，是正义的民族自卫战争，是一场反侵略战争。

三、课后活动

1. 在东南亚一些国家和地区，有一些地名、庙宇是以"三宝"命名的，如泰国有"三宝塔寺""三宝城"，马来西亚有"三宝镇"，马六甲有"三宝庙"，爪哇有"三宝庙""三宝井""三宝洞"，新加坡有"三宝山"。

想一想：为什么用"三宝"命名呢？其中含有怎样的历史信息？

用"三宝"命名，表明当地人民对郑和充满了爱戴和敬意。其中所含的历史信息是：说明郑和的船队曾经到过这些地方；郑和的远航增进了中国与这些国家的相互了解和友好往来。

2. 戚继光不仅是著名的军事家，还是一位诗人，他的诗文集《止止堂集》中有200多篇诗作。下面是其中的一些诗句："一年三百六十日，多是横戈马上行。""一片丹心风浪里，心怀击楫敢忘忧?!""遥知百国微茫外，未敢忘危负岁华。""封侯非我意，但愿海波平。"

说一说：这些诗句抒发了戚继光怎样的情怀和抱负？

抒发了戚继光不追求个人名利，以国家和民族安危为己任的爱国情怀。

第16课　明朝的科技、建筑与文学

要点阐释

一、科技名著

1.《本草纲目》。

（1）朝代及作者：明代李时珍（杰出的医学家）。

（2）类别：药物学著作。

（3）成书起因：李时珍通过自己的医疗实践，深感医生对药物的识别和使用至关重要，有必要对古代的药物学书籍加以整理和补充，编写一部新的药学著作。

（4）成书过程：李时珍搜集和整理了800多种医药书籍，并深入社会，进行实地调查，向人们请教。他不辞辛苦，到深山僻野中采集药物标本，掌握了大量的第一手资料。经过27年持续不断的努力，编写出《本草纲目》这部规模空前的药物学著作。

（5）主要内容：《本草纲目》全书190多万字，共记载了药物1800多种，比前人所记载的增加了370多种；收录药方11000多个，比前人所收录的药方增加了4倍；还附有1100多幅药物形态图。书中对各种药物进行了新的分类，详细介绍它们的产地、形色、气味及其主要疗效。

李时珍像

（6）评价：这部巨著，总结了我国古代药物学成就，丰富了我国医药学宝库，在世界医药史上占有重要的地位。

（7）传播：《本草纲目》自问世以后，广为流传，17世纪初传入日本和朝鲜，以后又陆续被翻译成拉丁文、法文、俄文、德文、英文等多种文字。

2.《天工开物》。

（1）朝代作者：明朝，宋应星。

（2）类别：一部科技巨著（农业手工业生产技术著作）。

（3）成书过程：作者宋应星自幼勤奋好学，读了很多书，知识面十分宽广。他中了举人以后，担任过地方官，公务闲暇时就专心致志地研究科学技术，整理各地的农业和手工业生产技术和经验。宋应星经过长期的积累和不懈的探究，写出了《天工开物》一书。

（4）主要内容：①这部书的内容非常丰富，把各生产部门分为18类，几乎涵盖了当时中国农业和手工业的所有生产、加工部门。②宋应星在具体介绍各种物品、生产工具及生产流程时，还绘有120多幅插图，画面直观生动，描绘了生产过程和各行业劳动人民的形象。

（5）评价（地位及影响）：《天工开物》一书，对我国古代的农业和手工业生产技术进行了全面的总结，记述了中国在当时世界上具有先进水平的科学技术。被誉为"中国17世纪的工艺百科全书"。

宋应星像　　　　《天工开物》插图

（6）传播：这部书后来传到国外，被翻译成日文、法文、德文、英文等多种文字。

3.《农政全书》。

（1）朝代作者：徐光启，明代农学家。

（2）类别：农学著作。

（3）内容：全书60卷，约70万字，分为农本、田制、农事、水利、农器、树艺、蚕桑、种植、牧养、制造、荒政等大类。

（4）评价（地位及影响）：全面总结了我国古代农业生产的先进经验、技术革新和作者关于农学的创新研究成果。是明代末年一部重要的农业科学巨著。

二、明长城和北京城

1. 明长城。

（1）修筑目的：明朝建立以后，为了防御北方蒙古贵族南扰，先后 18 次修筑长城。

《农政全书》书影

（2）起止点：东起鸭绿江，西至嘉峪关，总长万余里。

（3）特点：①明代长城以城墙为主体，由关隘、城台、烽火台等组成，沿线设立卫所，驻守军队，开展屯田，进行生产，并修建了相连的道路，形成了一个完整的军事防御体系。②明长城多用砖石砌成，十分坚固。

（4）评价。

①地位：在长城修筑史上，明代修筑长城的规模最大，历时最久，布局更合理，技术更先进，设施更为完善，工程质量更为坚固。我们今天所看到的长城，主要是明代修筑的。

②影响：长城处于北方游牧地区与农耕地区的连接线上，在它附近的多民族聚集地区，建立了许多农牧贸易场所，使长城同时成为各民族交往的纽带。

2. 北京城。

（1）修建时间：明成祖时。

（2）修建基础：在元大都基础上。

（3）修建经过：明成祖于 1406 年开始在元大都的基础上，对北京城进行大规模扩建和改造，1420 年基本建成，1421 年正式迁都北京。

（4）构成：明北京城有宫城、皇城、内城、外城，宫城即紫禁城，是北京城的核心。

（5）特点：①整个北京城平面呈"凸"字形，由一条中轴线纵贯南北，从宫城到外城都以这条中轴线对称展开，均衡布局，形成完整而和谐的巨大建筑群。②以宫殿为重点，并建有坛庙、宫苑、王府、城垣、城楼、官衙、仓库、寺观、桥梁、街巷、工商场所以及其他各种民生设施。③最为雄伟壮丽的是紫禁城，是当时世界上最宏大、最辉煌的皇家建筑群。

三、小说和戏剧

1. 小说。

（1）概况：明朝时，文学艺术的发展与市民文化结合起来，小说、戏曲等大众化的文学艺术形式有了突出的发展，尤其是产生了一批脍炙人口的小说，最著名的是长篇章回体小说《三国志通俗演义》《水浒传》和《西游记》。

（2）《三国志通俗演义》（《三国演义》）。

成书时间	元末明初
作者	罗贯中
主要内容	这部小说以三国的史实为基础，充分运用文学手段，生动地描写了魏、蜀、吴三国之间政治、军事和相互斗争中的各种矛盾冲突，也反映出人民群众要求统一的强烈愿望
写作特点	全书结构宏伟，脉络细密，情节跌宕起伏
地位及影响	《三国志通俗演义》是我国章回体小说的开山之作，也是我国最为流行的长篇历史小说之一。在这部小说之后，长篇说史的小说大量涌现

（3）《水浒传》。

成书时间	元末明初
作者	施耐庵
主要内容	书中以官逼民反为主题，揭示了从皇帝到各级贪官污吏的丑恶嘴脸，描写了宋代梁山泊各路好汉反抗官府压迫的武装斗争，通过生动、曲折的故事情节，成功地塑造出一批个性鲜明的英雄形象
写作特点	运用白话描写故事进程和人物性格，人物形象洗练明快，生动传神
评价	是元末明初的一部优秀的长篇小说

（4）《西游记》。

成书时间	明朝中期
作者	吴承恩
评价	这是一部富于浪漫主义色彩的神话小说
主要内容	描写唐僧师徒四人取经的艰难历程，突出刻画了胆大艺高、爱憎分明、满怀智慧的孙悟空这一神话英雄
写作特点	作者运用大胆的想象和夸张的笔调，勾画出神奇光怪的情境，抒发了铲除邪恶势力的愿望 小说语言生动，故事引人入胜

（5）三部小说的共同影响：明代的这三部小说，虽然主题和风格各异，但都规模宏大、结构严整、情节曲折、想象丰富、语言生动，问世后在社会上广泛流传，家喻户晓，深受广大民众的喜爱，并对以后的小说、戏剧等文学艺术创作产生了深远的影响。

2. 书法绘画：明朝时期，书画艺术继续发展，出现了书法名家董其昌、绘画名家徐渭等。

3. 戏剧。

（1）概况：明朝时期，戏剧表演成为城乡人民重要的文化活动。

（2）代表人物：汤显祖是明朝后期最负盛名的戏剧家。

（3）代表作：《牡丹亭》。

（4）作品特点：《牡丹亭》曲文流丽，人物内心描写细致，通过杜丽娘和柳梦梅神奇的爱情故事，有力地批判了吃人的封建礼教，达到了很高的艺术水准。

📖 知识拓展

1. 明代科技名著。

作者	著作	价值
李时珍	《本草纲目》	是一部具有总结性的药物学巨著，成为世界医药学的重要文献
宋应星	《天工开物》	对我国古代的农业和手工业生产技术进行了全面总结，记述了中国在当时世界上具有先进水平的科学技术 被誉为"中国17世纪的工艺百科全书"
徐光启	《农政全书》	全面总结了我国古代农业生产的先进经验、技术革新和作者关于农学的创新研究成果 是明代末年一部重要的农业科学巨著
徐霞客	《徐霞客游记》	是一则以日记体为主的地理著作，对地理、水文、地质、植物等现象均作了详细记录，在地理学和文学上作出卓有价值的贡献

2. 明长城和秦长城的对比。

	秦长城	明长城
目的	抵御匈奴南下	防范蒙古骑兵的侵扰
起止	西起临洮，东到辽东	东起鸭绿江，西到嘉峪关
建筑	土筑	东段用条石和青砖
作用	军事上抵御了少数民族的侵扰；经济上促进了北疆经济开发的生命线；政治上是联结统一多民族国家的纽带
象征意义	中华民族的聪明智慧、艰苦勤奋、坚韧刚毅和充满向心力和凝聚力

3. 明代小说著作。

作品	作者	朝代	内容	成就
《三国志通俗演义》	罗贯中	元末明初	描写了东汉末年和三国时期的政治和军事斗争	我国最早的一部长篇历史小说
《水浒传》	施耐庵	元末明初	描写北宋末年宋江领导的梁山泊农民起义	我国第一部以农民起义为题材的长篇小说
《西游记》	吴承恩	明朝中期	根据民间流传唐僧取经故事创作	一部充满浪漫主义气息的长篇神话小说

 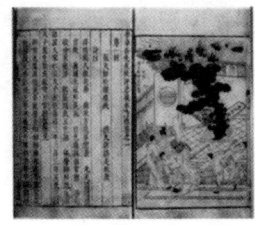 

《三国志通俗演义》书影　　　《水浒传》书影　　　《西游记》插图

阅读思考

一、材料研读

宋应星在《天工开物》的序言中说："卷分前后，乃'贵五谷而贱金玉'之义。"

他在书中把谷物类放在前面，而把珠玉类置于最后。想一想：他为什么要这样编排呢？

明朝时中国处于农业社会。民以食为天，农业是国家的根本，中国自古就有"士农工商，以农为本"的观念，这一编排体现了作者重农的思想。

二、问题思考

万里长城常被视为中华民族精神的象征。想一想：这其中的寓意是什么？

长城凝聚着古代劳动人民的血汗和智慧，是联结统一多民族国家的纽带，它体现了中华民族勤奋智慧、坚韧刚毅、充满向心力和凝聚力的民族精神，被视为中华民族精神的象征。

三、课后活动

1. 将下列人物与他们的作品用直线连接起来。

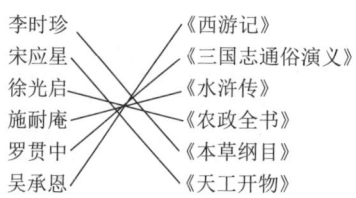

李时珍   《西游记》
宋应星   《三国志通俗演义》
徐光启   《水浒传》
施耐庵   《农政全书》
罗贯中   《本草纲目》
吴承恩   《天工开物》

2. 1987 年，万里长城和北京故宫被联合国列为世界文化遗产。请同学们分成两组，分别搜集有关长城和故宫的资料，撰写成文，具体介绍这两项古代建筑被列为世界文化遗产的理由。

文化遗产是指从历史、艺术或科学的角度看具有突出的普遍价值的文物、建筑或遗址。万里长城以势若游龙的身姿穿群山、越峻岭，奔腾万里，浩然大气，堪称一部以建筑写就的中华民族的史诗。北京故宫全面体现了中国古代宫殿建筑艺术的精髓，其建筑设计完美体现了中国传统文化，无论是立体轮廓、空间组织、建筑色彩，还是平面布局，都达到了近乎完美的境界。

第 17 课   明朝的灭亡

📖 要点阐释

一、政治腐败与社会动荡

1. 时间：明代中后期。

2. 政治腐败：皇帝多是沉迷享乐，疏于朝政；当时皇室内部钩心斗角，纷争不已；大臣们更是结党营私，争权夺利。

3. 社会动荡：朝政的混乱，造成中央对社会的控制力不断下降，法纪松弛，各级官吏贪赃枉法，对民众百般盘剥。皇室贵族、宦官、官僚、地主等疯狂兼并土地，肆意侵占民田，致使大量农民流离失所。

二、李自成起义推翻明朝

1. 背景（原因）。

（1）明朝末年，政治腐败越发严重，国家财政危机深重，朝廷不断加派赋税，民众怨声载道，阶级矛盾异常尖锐。

李自成像

（2）陕西北部一带连年大旱，庄稼颗粒无收，饥民遍野，官府不顾民众死活，催征如故。

（3）灾难深重的广大农民再也无法忍受下去，纷纷举行起义，反抗朝廷统治。其中李自成的队伍发展迅速，成为起义的主力军。

2. 过程。

（1）提出口号："均田免赋"。

（2）政策：严明军纪，不许妄杀一人，不得侵占民房，严禁抢掠，向贫苦民众发放钱粮。

（3）发展：广大农民热烈拥护，队伍发展到 100 多万人。起义军英勇作战，纵横于河南、湖广等 10 余省。

（4）建立政权：1644 年，李自成在西安建立政权，国号大顺。

3. 结果：1644 年 4 月，百万大军在李自成统一指挥下，对北京城发起猛烈进攻，不到两天就攻进城内，明朝末帝崇祯在绝望中自缢。统治长达 276 年的明王朝，最终被农民起义推翻。

4. 李自成的起义军受民众欢迎，能够灭明朝的原因：明末政治的腐败，社会的黑暗，土地兼并严重，农民生活在水深火热之中，社会矛盾尖锐。李自成提出"均田免赋"的口号，深得民心。李自成规定了严明的军纪，不许妄杀一人。向贫苦民众发放钱粮。建立政权，以作号召。

三、满洲兴起和清兵入关

1. 满洲兴起。

（1）女真壮大：明朝后期，活动于我国东北地区的女真族不断发展壮大。

（2）建立政权：1616 年，努尔哈赤统一了女真各部，建立政权，国号大金，史称后金。

（3）与明交战：①努尔哈赤率军与明朝交战，接连取胜，使明朝的北部受到严重威胁。②努尔哈赤死后，皇太极继位，继续进攻明朝。

（4）清朝建立：1635 年，皇太极改族名为满洲。1636 年，改国号为清。

2. 清兵入关。

驻守重镇山海关的明将吴三桂引清兵入关，并与清军联合夹击李自成的军队。李自成在山海关交战失利，退回北京，随即离京西行，转战各地，最后失败。

知识拓展

1. 满洲发展的历史。

时间	族名	政权	建立者
唐朝	靺鞨	渤海	
1115 年	女真	金	阿骨打
1616 年	女真	后金	努尔哈赤
1635—1636 年	满洲	清	皇太极

2. 明朝灭亡的原因。

明朝中后期，政治腐败	皇帝多是沉迷享乐，疏于朝政；皇室内部钩心斗角，纷争不已；大臣们更是结党营私，争权夺利
社会动荡	朝政的混乱，造成中央对社会的控制力不断下降，法纪松弛，各级官员贪赃枉法，对民众百般盘剥 皇室贵族、宦官、官僚、地主等疯狂兼并土地，肆意侵占民田，致使大量农民流离失所 明朝末年，政治腐败越发严重，国家危机深重，朝廷不断加派赋税，民众不堪重负，怨声载道，阶级矛盾异常尖锐
自然灾害	陕西北部一带连年大旱，庄稼颗粒无收，饥民遍野，官府不顾民众死活，催征如故
农民起义	灾难深重的广大农民再也无法忍受下去，纷纷举行起义，反抗朝廷统治 李自成的队伍发展迅速，成为起义的主力军，最终推翻明朝统治
后金崛起	后金政权以及后来的清朝，不断与明朝交战并占据上风，使明朝的北部受到打击

3. 八旗制度。

努尔哈赤在统一女真各部的过程中，建立了八旗制度，把所属人员编为八个旗，将生产、行政、军事三种功能结合在一起，实行"兵民合一"，军政一体，旗人"出则为兵，入则为民"，大大提高了战斗力，推动了满族社会经济发展。清朝建立对全国的统治以后，旗人享有政治、军事和经济上的许多特权。直到清朝后期，旗人还享受官俸，但他们早已没有了当年的勇猛善战，而是养尊处优，败落无能。后来，人们还把享有特权而又不务正业的人称作"八旗子弟"。

阅读思考

一、材料研读

当时流行这样的歌谣："杀牛羊，备酒浆，开了城门迎闯王，闯王来时不纳粮。""朝求升，暮求合，近来贫汉难存活。早早开门拜闯王，管教大小都欢悦。"

想一想：广大民众为什么欢迎和拥护李自成的起义军？

李自成起义军提出了"均田免赋"的口号，得到了广大农民的热烈拥护；规定了严明的军纪，所到之处不仅秋毫无犯，还向贫苦民众发放钱粮。

二、课后活动

1. 阅读材料并回答问题。

下面是史书记载的 1628 年陕西北部遭受旱灾后的情形：

民争采山间蓬草而食……至十月以后而蓬尽矣，则剥树皮而食……殆年终而树皮又尽矣，则又掘山中石块而食。

——《陕西通志》卷八十六

当时受灾的农民处在什么样的状况下？

土地贫瘠的陕西北部，连年大旱，颗粒无收，饥民遍野，农民只得吃蓬草、树皮、石块充饥，甚至发生人吃人的惨剧。但是，官府不顾百姓死活，催征如故。

2. 下列各项，哪些与明朝灭亡有直接的关系，请在□内打√。

☑ 朝政腐败，宦官擅权　　☑ 土地兼并严重

☑ 朝廷征派苛捐杂税　　　□ 努尔哈赤统一女真各部

☑ 大规模的农民起义　　　□ 吴三桂引清军入关

第18课　统一多民族国家的巩固和发展

要点阐释

一、清朝对全国的统治

1. 建立统治：清朝统治者进入北京后，以北京为都城。清军随后南下，消灭了明朝政权的残余势力和各地反清的力量，逐步建立起对全国的统治。

2. 巩固统治。

（1）在政治制度方面：基本上沿袭中原历代王朝的做法，进一步加强中央集权，维护政治上的大一统。

（2）在思想文化方面：推崇儒家学说，继承历代文化传统。

（3）影响：清朝在政治和思想上巩固了自身的统治。

二、郑成功收复台湾和清朝在台湾的建制

1. 郑成功收复台湾。

（1）背景：明朝末期，荷兰殖民者趁明朝国势衰败之机，出兵侵占了我国宝岛台湾，在台湾实行殖民统治。清初，在福建沿海坚持抗清的郑成功，决心从荷兰殖民者手中收复台湾。

（2）经过。

1661年，郑成功率领25000名将士，乘坐400艘战舰从金门出发，横渡台湾海峡，抵达台湾岛南部，登陆后受到数千当地居民的热烈欢迎。

郑成功像

荷兰军队分水陆两路反攻。郑成功指挥军队迎击，在海上击沉荷兰战舰，在陆路迅速占据重要渡口，把敌人包围在赤嵌城和台湾城两个孤立的据点。赤嵌城的荷军看到坚守无望，向郑成功投降。随后，郑成功对台湾城采取长期围困的战略，并多次打败荷兰的海上援军。

1662年2月，经过8个月的围攻，郑成功发动总攻，荷兰殖民长官被迫投降。至此，被荷兰侵略者占据了38年的台湾重新回到祖国的怀抱。

（3）评价（影响）：被荷兰侵略者占据了38年的台湾重新回到祖国的怀抱。郑成功是我国历史上的民族英雄。

（4）正确看待郑成功收复台湾：荷兰殖民者入侵台湾，严重侵犯了我国的主权，破坏了我国的领土完整；郑成功打败荷兰殖民者，使台湾回到了祖国的怀抱，捍卫了祖国领土主权的完整。因此，郑成功是我国历史上的民族英雄。

（5）正确评价郑成功。

功：郑成功率领中国军民收复了台湾，维护了祖国的领土完整，避免了台湾百姓沦为殖民者的奴役。是真正的民族英雄。

过：公然对抗清廷。当时的中国，清朝统一中国的历史趋势已然明朗，但他仍要尽为南明腐朽小朝廷的"愚忠"，阻碍了中国统一的步伐。而且他收复台湾，客观上讲，是为了作为他反清复明的基地。

从历史发展的角度，总体来看，郑成功是功大于过的。

2. 清朝在台湾建制。

（1）背景：郑成功死后，他的儿子继续治理台湾。清王朝在稳定了对内地的统治后，决定对台湾用兵，进一步实现国家的统一。

（2）过程。

1683年，清军进攻台湾，郑氏军队战败，台湾归入清朝的版图。

1684年，清朝设置台湾府，隶属福建省。台湾府的设置，加强了中央政府对台湾的管辖，巩固了祖国的东南海防，台湾的社会经济发展也步入了新的历史时期。

1885年，台湾正式建省，成为中国的一个行省。

（3）意义：加强了中央政府对台湾的管辖，加强了台湾同祖国内地的联系，巩固了祖国的东南海防，台湾的社会经济发展也步入了新的历史时期。

三、清廷对西藏地区的有效管辖

1. 册封首领达赖和班禅。

（1）概况：顺治帝接见五世达赖喇嘛，并正式赐予"达赖喇嘛"的封号，还拨专款重修布达拉宫。1713年，康熙帝册封另一位西藏宗教首领为"班禅额尔德尼"。

（2）册封制度：此后历代达赖和班禅都必须经过中央政府的册封。

2. 驻藏大臣：雍正帝1727年在西藏设置驻藏大臣，监督西藏地方政务。1751年，清朝在西藏地方设立噶厦，授达赖喇嘛和驻藏大臣管理政教事务。

3. 颁布法律：1793年，颁布《钦定藏内善后章程》共29条，规范了西藏地方行政体制和法规。章程明确驻藏大臣在政治上与达赖、班禅地位平等，共同管理西藏政教事

顺治会晤五世达赖图

务；驻藏大臣还掌管地方军事、外交等事务。西藏地方达赖与班禅等大活佛的转世，需要通过金瓶掣签，依照宗教仪式和历史定制，最后报请朝廷批准。

4. 意义：清朝的这些措施，有效地加强了对西藏的管辖。

5. 认识：西藏自古以来就是我国领土不可分割的一部分。

四、巩固西北边疆

1. "回部"含义：在我国西北天山以南的广大地区，居住有维吾尔等族人民，清代把这个地区称为"回部"。

2. 康熙平定噶尔丹叛乱。

（1）原因：康熙时，天山北麓的蒙古族准噶尔部首领噶尔丹在俄国的唆使下，发动叛乱，越过天山攻占回部，并向东进攻，占领了青海、蒙古的许多地区。

康熙像

（2）目的：为了维护国家的统一。

（3）经过：康熙皇帝三次率军亲征，在多次战役中打败噶尔丹。

（4）结果（作用）：平定了叛乱，稳定了西北部边疆地区。

3. 乾隆帝平定大、小和卓叛乱。

（1）原因：乾隆时期，回部上层贵族大、小和卓发动叛乱，形成割据势力。他们残暴搜刮各族人民，激起人民的强烈不满。

（2）经过：乾隆皇帝下令调兵讨伐，并宣布只擒拿大、小和卓，各族人民皆为无罪之人，不会株连。

（3）结果：在维吾尔等族人民的支持下，清军经过两年战斗，平定了这场分裂祖国的叛乱。

乾隆像

4. 管理新疆——设置伊犁将军。

（1）概况：清朝乾隆帝设置伊犁将军，管辖包括巴勒喀什池在内的整个新疆地区。清军驻扎新疆各地，设置哨所。

（2）作用：加强了对西北地区的管辖。

5. 土尔扈特部回归祖国。

（1）时间：1771年。

（2）首领：渥巴锡。

（3）概况：1771年，西迁的蒙古族土尔扈特部，因不堪忍受沙皇俄国的控制与压迫，在杰出首领渥巴锡的领导下，克服重重困难，返回新疆，得到清政府的妥善安置。

（4）作用：土尔扈特部回归祖国，为多民族国家的巩固和发展谱写了光辉的篇章。

五、雅克萨之战

1. 背景：17世纪中期，沙皇俄国的势力侵入我国黑龙江流域，住雅克萨和尼布楚修筑城堡，作为扩大侵略的据点。清政府一再要求俄军撤出中国领土，俄军置若罔闻并且继续增兵，扩大侵略。

2. 交战双方：清廷和沙皇俄国。

3. 过程：1685年和1686年，康熙帝命令清军两次进攻盘踞在雅克萨的俄军。沙俄政府被迫同意通过谈判解决中俄两国东段边界问题。

4. 结果及作用：1689 年，中俄双方代表在尼布楚进行谈判，经过平等协商，签订了第一个边界条约《尼布楚条约》。这个条约从法律上肯定了黑龙江和乌苏里江流域包括库页岛在内的广大地区，都是中国的领土。

5. 清军能够取得雅克萨之战胜利的原因：雅克萨之战是中国军民为捍卫祖国的领土主权而进行的一场反侵略的正义战争。战前，康熙帝周密部署，命令清军水陆并进，战争中广大将士英勇作战，各族人民也给予积极的支持。而沙俄所进行的是一场侵占别国领土的非正义战争，侵略军人数又相对较少。这就决定了中国军队必然胜利，沙俄侵略军必然失败。

清代绘画《平定准噶尔图卷》（局部）

六、清朝的疆域

1. 疆域：清朝前期，中国的疆域西跨葱岭，西北至巴勒喀什池，北接西伯利亚，西南达喜马拉雅山脉，东北至黑龙江以北的外兴安岭和库页岛，东临太平洋，东南到台湾及其附属岛屿，包括钓鱼岛、赤尾屿等，南至南海诸岛。

2. 清朝疆域图。

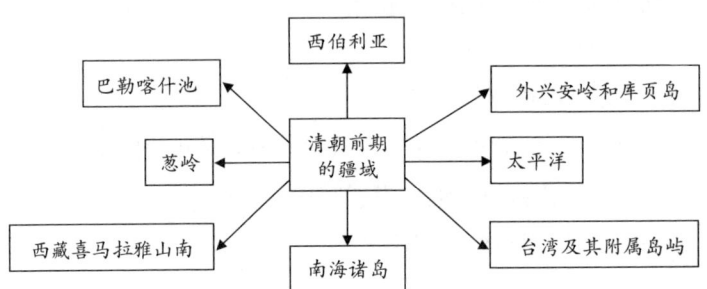

3. 地位：清朝成为一个幅员辽阔、人口众多、国力强大的统一多民族国家。

📖 **知识拓展**

1. 结合史实说明台湾是中国领土不可分割的一部分。

（1）三国时，孙权派卫温率万人船队到达夷洲，加强了台湾和内地的联系。

（2）隋唐时，称台湾为琉球，台湾和内地的联系得到了进一步的发展。

（3）元朝时，政府设澎湖巡检司，管辖台湾和澎湖。

（4）清朝时，1662 年郑成功赶走荷兰殖民者，收复台湾。1683 年清政府进入台湾，1684 年设台湾府，隶属福建省。1885 年台湾正式建省，成为中国的一个行省。

2. 西藏也是我国不可分割的领土，有哪些史实证明？

唐太宗时，文成公主与吐蕃赞普松赞干布联姻；唐中宗时，金城公主与尺带珠丹联姻，并称"和同为一家"。

元朝时，宣政院直接管辖西藏的军民各项事务，正式成为一个地方行政区域。

清朝时，形成册封首领制度，设置了驻藏大臣，还颁布法律条文确立了对西藏的管辖。

3. 请用史实说明"新疆自古以来就是我国领土不可分割的一部分"。

西汉：汉武帝派张骞两通西域，使得此后新疆地区与内地往来日益密切；前60年西汉设西域都护，这是西域正式归属中央政权的开始。

唐朝：唐太宗先后击败东、西突厥，设安西都护府，武则天设北庭都护府管理西域地区。

清朝：康熙三次率军亲征，平定了蒙古贵族噶尔丹叛乱；乾隆帝平定回部贵族大、小和卓的叛乱；设置伊犁将军，管辖包括巴尔喀什湖在内的整个新疆地区。

4. 明清时期中国军民在反抗外来侵略、维护祖国主权方面作出了哪些努力？

戚继光抗倭；郑成功收复台湾；雅克萨之战。

5. 清朝为巩固统一的多民族国家而采取的措施及其作用。

	措施	作用
加强对台湾的管辖	①1683年，清军进攻台湾，郑氏军队战败，台湾归入清朝的版图 ②1684年，清朝设置台湾府，隶属福建省。台湾府的设置，加强了中央政府对台湾的管辖，巩固了祖国的东南海防，台湾的社会经济发展也步入了新的历史时期 ③1885年，台湾正式建省，成为中国的一个行省	清朝这些措施，巩固了清朝的统治，加强了清朝对边疆的管辖与治理，巩固了祖国的边防，对统一多民族国家的发展和巩固起到了促进作用
加强对西藏的管辖	①册封首领达赖和班禅：顺治帝接见五世达赖喇嘛，并正式赐予"达赖喇嘛"的封号，还拨专款重修布达拉宫。1713年，康熙帝册封另一位西藏宗教首领为"班禅额尔德尼"。此后历代达赖和班禅都必须经过中央政府的册封 ②设置驻藏大臣：雍正帝1727年在西藏设置驻藏大臣，监督西藏地方政务（目的） ③1751年，清朝在西藏地方设立噶厦，授达赖喇嘛和驻藏大臣管理政教事务 ④颁布法律：1793年，颁布《钦定藏内善后章程》共29条，规范了西藏地方行政体制和法规	
加强对西北地区的管辖	①康熙平定准噶尔部噶尔丹叛乱，稳定了西北部边疆地区 ②乾隆帝平定大、小和卓叛乱 ③清朝乾隆帝设置伊犁将军，管辖包括巴勒喀什池在内的整个新疆地区 ④清军驻扎新疆各地，设置哨所。加强了对西北地区的管辖	

📖 **阅读思考**

一、课后活动

郑成功在致荷兰总督的招降书中说：

台湾者，中国之土地也，久为贵国所踞，今余既来索，则地当归我……

——连横《台湾通史》

结合以前所学的历史知识，说说为什么郑成功确认台湾是中国的土地。

230 年，孙权派将军卫温、诸葛直率船队到达台湾。隋朝时，隋炀帝曾三次派人到台湾。元朝已开始在澎湖设巡检司，负责管理台湾和澎湖地区的民政，台湾正式成为中国行政区的一部分。上述史实，有力地说明台湾是中国的土地。

二、问题思考

清朝对西藏和新疆的治理，对统一多民族国家的巩固和发展有什么历史意义？

清朝治理西藏和新疆，一方面加强了西藏、新疆与中央政府的联系，维护了国家统一；另一方面保持西藏、新疆的秩序稳定，促进了边疆地区的开发，也促进了汉族和少数民族经济文化的交流，使统一的多民族国家得到巩固和发展。

第 19 课　清朝前期社会经济的发展

 要点阐释

一、农业生产的恢复和发展

1. 背景（原因、措施）。

（1）明朝末年的大动荡对社会经济造成严重的破坏，清初的统治者认识到恢复经济，尤其是恢复和发展农业生产，是"国之大计"。

（2）顺治、康熙、雍正、乾隆诸位帝王，都十分重视农业生产，大力推行垦荒政策。

（3）这些措施使农业生产很快得到恢复，并有了较大的发展，为清朝前期的兴盛奠定了基础。

2. 表现。

耕地面积	清朝前期，耕地面积不断扩大，大片土地得到开垦，许多荒山旷野改造成农田，边远地区也得到了开发到乾隆末年，全国的耕地面积比明朝鼎盛时期增加了近 3 亿亩
水利兴修	对黄河、淮河等大河以及大运河进行治理，还组织人力修建了许多堤坝、渠堰、海塘
庄稼种植	改进种植技术，改良新品种，推广玉米、甘薯等高产作物，使粮食产量有了大幅度的提高
经济作物	有了较大的发展，品种增加，棉花、甘蔗、烟草、茶叶、药材，以及花卉、水果等作物的种植面积不断扩大

3. 意义：农业生产的发展，有利于社会的稳定和繁荣。农业产品品种和产量的增加，也对手工业和城镇商品经济的发展起到了推动作用。

二、手工业和商业的发展

1. 手工业的发展。

（1）清朝前期，丝织业、棉织业、印染业、矿冶业、制瓷业、制糖业、制茶业等手工

业都有很大的发展。尤其是丝织、棉织、印染、制瓷等方面，品种繁多，产品精良。

（2）当时已出现了比较成热的手工业工场，其中有些颇具规模，如江宁著名的机户李扁担、李东阳等，都各自拥有织机五六百张，佛山镇经营棉织业的手工工场达 2500 家，织工超过 50000 人。

2. 商业的发展。

（1）条件：①清朝前期，农业、手工业的发展促进了商品的流通。②陆路和水运发达。

（2）表现。

商业网的形成	清朝前期的商业很发达，陆路和水路的商旅往来频繁，各地的商品贸易十分兴盛，形成了由农村集市、城镇市场、区域性市场和全国性市场组成的商业网
农村地区形成工商业市镇	一些原来的农村地区发展为工商业市镇，有的地方居民超过万户，比县城的规模还大 吴江县的盛泽镇，出现了"舟楫塞港，街道肩摩"的景象 湖北的汉口镇，在明朝中期才发展起来，到清朝时已成为"人烟数十里，贾户数千家"的都会
大城市中工商业非常繁荣	在北京、江宁、扬州、苏州、杭州、广州等大城市中，工商业非常繁荣。乾隆时期的苏州，据载已拥有"十万烟火"，财富"甲于天下"，有的地段"地值寸金"
商业活动中形成一些大商帮	在商业活动中，形成一些大的商帮，拥有雄厚的商业资本，在全国进行商业活动 山西商人组成的晋商，主要贩卖粮食、食盐、绸缎等，到乾隆时又专门经营汇兑、放贷和存款业务，在全国各地开设"票号"便于货币流通 江南徽州府商人组成的徽商，主要从事食盐、典当、茶叶、木材、粮食、布绸等行业的经营活动

（3）作用：这些商帮的活动，对当时社会经济的发展产生了很大的影响。

三、人口的增长

1. 背景：明朝鼎盛时期，全国人口达到 1 亿多。明末以来的经济衰败和连年战乱，造成人口锐减。

2. 原因：清朝前期的统治者采取一系列恢复社会经济的措施，使经济发展，国力增强，社会安定，人口的数量也有了很大的增长。

3. 表现：到康熙时，全国人口总数已达到 1.5 亿。乾隆末年，全国人口发展到 3 亿，占当时世界总人口的三分之一。

4. 带来的问题：有些地方，由于人口密度加大，人地矛盾逐渐突出。进一步开荒垦田，使很多天然植被和原始森林遭到破坏，水土流失严重，地力下降。庞大的人口也造成社会压力，影响了经济的持续发展。

📖 知识拓展

1. 清朝前期经济发展的表现。

农业生产的恢复和发展：耕地面积不断扩大，兴修水利，对黄河、淮河等大河以及大运河进行治理，还组织人力修建了许多堤坝、渠堰、海塘。粮食产量有了大幅度的提高，经济作物品种增加，种植面积不断扩大。

手工业发展：清朝前期，丝织业、棉织业、印染业、矿冶业、制瓷业、制糖业、制茶业等手工业都有很大的发展。尤其是丝织、棉织、印染、制瓷等方面，品种繁多，产品精良。清朝前期已出现了比较成熟的手工业工场，其中有些颇具规模。

商业发达：清朝前期的商业很发达，陆路和水运的商旅往来频繁，各地的商品贸易十分兴盛，形成了由农村集市、城镇市场、区域性市场和全国性市场组成的商业网。在商业活动中，形成了一些大的商帮，拥有雄厚的商业资本，在全国进行商业活动。

人口增长：人口数量有了很大的增长，康熙时人口总数达到1.5亿，乾隆末年全国人口发展到3亿。

2. 清朝前期经济发展的原因。

根本原因是封建生产力的发展。国家统一、社会安定。政府、统治者重视，及时调整政策。人民的辛勤劳动。新的农作物品种的引进和手工业生产技术的进步。

3. 清朝社会经济发展的启示。

国家统一、社会安定是经济发展的必要条件。统治者正确的决策可以促进经济发展。要坚持可持续发展战略，合理利用自然资源。要重视引进劳动力、先进生产技术和工具。

阅读思考

课后活动

1. 阅读下表并回答问题。

年代	耕地面积（顷）
1661年（顺治十八年）	5493576
1685年（康熙二十四年）	6078430
1724年（雍正二年）	6837914
1766年（乾隆三十一年）	7414495

1661年到1766年，耕地面积发生了什么变化？这种变化是由哪些因素导致的？

1661年到1766年，耕地面积大大增加（增加约35%）。导致这种变化的主要因素有：清朝前期统一的多民族国家得到进一步巩固和发展；统治者重视农业生产，大力推行垦荒政策；广大劳动人民的辛勤劳作等。

2. 从国外引进的作物如玉米、甘薯、马铃薯，在清朝时得以普遍种植。通过各种渠道了解一下，这些作物的种植与清朝前期人口增长之间的关系。

玉米、甘薯和马铃薯属于美洲高产农作物，比我国传统的农作物产量高很多。它们的引种和推广提高了粮食产量，有利于缓解人口增长压力，促进了清朝人口的增长。

第 20 课　清朝君主专制的强化

一、军机处的设立

1. 清朝前期中央机构的演变。

（1）清朝初期：还保留着专门由满洲贵族组成的议政王大臣会议。一切军国大事都要经过议政王大臣会议讨论，而且一旦作出决定，连皇帝也不能改变。

（2）康熙时：为了抑制满族贵族的一些权力，加强君主专制，设立了南书房，直接为皇帝草拟谕旨和处理奏章，从而绕开议政王大臣会议。

（3）雍正年间：设立军机处。

2. 军机处的设立。

（1）设立时间：雍正时期。

（2）目的：加强君主专制。

（3）组成：由皇帝选派亲信大臣组成。

（4）地位：军机处是辅助皇帝处理政务的最重要的中枢机构。

（5）职责：军政大事完全由皇帝裁决，军机大臣按照皇帝的旨意拟写成文，经皇帝审阅同意后传达给中央各部和地方机构去执行。

（6）影响：①军机处设立后，议政王大臣会议名存实亡，到乾隆时期被撤销。②军机处这一特殊机构便于皇帝独掌朝政，使皇帝具有至高无上的权威，一切都要服从皇帝的意志，从而使君主专制进一步强化。

二、文字狱与文化专制政策

1. 文字狱。

（1）目的：从思想领域严密控制知识分子、加强君主专制。

（2）时期：康熙、雍正和乾隆三朝。

（3）含义：康熙、雍正和乾隆三朝，经常从知识分子的文章、诗词中摘取只言片语，加以歪曲解释，再借题发挥，罗织罪状，制造了大批冤狱，很多人因此被处死，连亲属、师友都受到迫害。人们把这种做法称为"文字狱"。

（4）影响：①清朝的文字狱规模之大、次数之多，远超前代。②造成了社会恐怖，摧残了许多人才，致使知识分子从此再不敢过问政治，也不敢表露个人的思想，连遣词造句都要小心翼翼，以免遭到杀身之祸。③禁锢了人们的思想言论，严重阻碍了思想、学术的发展和进步。

2. 文化专制政策。

（1）目的：为了维护集权统治。

（2）内容：大力提倡尊孔读经，组织人力大规模进行整理文献和编纂书籍的活动。对全国书籍进行全面检查，把认为是对清朝统治不利的书籍列为禁书，收缴并销毁。

（3）后果：仅在乾隆时期，禁书毁书的活动就持续了近 20 年，许多珍贵的书籍被查禁和销毁。

三、不断加剧的社会矛盾

1. 官场的腐败。

（1）在清朝的君主专制统治下，官吏为了求得升迁或自保，千方百计地利用官场上的各种关系，贿赂上级，结党营私。

（2）乾隆以后，贪风更盛，清朝的官僚体制从整体结构上呈现出日益腐败的趋势。

（3）各级官吏为了一己私利，想尽办法中饱私囊，对上蒙骗朝廷，对下敲诈民众。

2. 军队的腐败。

（1）八旗兵久无战事，昔日的尚武精神荡然无存，军风军纪日益败坏，将领贪污兵饷的现象十分普遍。

（2）军队长期养尊处优，军备废弛。将士接受骑射检阅，竟然"射箭箭虚发，驰马人坠地"。

（3）八旗子弟更是百无一能，好逸恶劳，不是嗜酒赌博，就是养鸟斗鸡，十分颓废。

3. 官僚机构臃肿，出现财政危机。

（1）表现：①清朝官僚机构臃肿，但在康乾时期社会经济发展，财政收入不断增加，国库充盈，尚能承受庞大的运转费用。②到了乾隆后期，由于皇帝好大喜功，花费无度，财政虚耗非常严重。尤其是各级官吏的大肆贪污，截留税款，严重影响了国家财政收入。③嘉庆以后，朝廷的财政收入日益减少，而支出却不断增多，出现了财政危机。

（2）影响：政治腐败导致经济衰退，造成国力越来越虚弱。

4. 土地兼并严重，贫富分化，社会危机重重。

（1）表现：①清朝中期以后，人口的增长造成用地紧缺，而土地却集中在少数人手中。②大官僚、大地主和大商人不择手段地兼并土地，失去土地的农民纷纷破产，变成地主的佃户和雇工，向地主交纳高额的地租。③很多农民变为流民，以乞讨为生。

（2）影响：社会的贫富分化十分严重，广大民众的生活日益困苦，社会危机重重。

四、闭关锁国政策

1. 原因。

（1）清朝统治者认为天朝物产丰富，无所不有，不需要同外国进行经济交流。

（2）西方殖民者向东扩展势力，清朝统治者担心国家领土主权受到侵犯，又惧怕沿海人民同外国人交往，会危及自己的统治。

2. 政策含义：严格限制对外贸易。"闭关锁国"政策是严格限制对外交流，而不是绝对禁止。

3. 具体表现。

（1）顺治时期，颁布"禁海令"，严厉限制海上贸易；强迫山东至广东沿海居民内迁数十里，不准商船、渔舟"片帆出海"。

（2）清朝在台湾设立行政建制后，放开宁波、漳州等地，作为对外通商口岸，并对出口的商品种类和出海船只的载重量作出严格限制。

（3）1757年，清政府下令关闭了其他港口，只开放广州一处作为通商口岸，并规定由朝廷特许的"广州十三行"统一经营对外贸易，负责承销外商进口货物，代外商收购中国出口商品，并管理外国商人。

4. 影响。

（1）积极：对西方殖民者的侵略活动曾起到过一定的自卫作用。

（2）消极：清廷故步自封、闭关自守，导致国家的闭塞，使中国错失了向西方学习先进的科学知识和生产技术的机会，中国逐渐落伍于世界历史的发展进程。

5. 认识启示：开则兴，闭则衰。一个国家只有对外开放，积极交流才能有所得益、有所进步，闭关锁国是一种消极的政策，只能导致落后乃至最后的挨打。要坚持改革开放和对外开放，积极和其他国家交流，取其精华，为我所用。

📖 **知识拓展**

1. 清朝加强君主专制统治的措施。

政治上：雍正时设立军机处，便于皇帝独断朝政，君主专制进一步强化（达到顶峰的表现）。

思想文化上：大兴文字狱，实行文化专制政策。

对外关系上：闭关锁国政策。

2. 中国古代对外开放的例子。

汉朝通西域和丝绸之路的开辟；唐朝时遣唐使、玄奘西行、鉴真东渡体现了唐代对外开放的政策；明朝郑和下西洋加强对外交流。

3. 清代整体状况分析。

清代奠定了现代中国疆域的基础，使统一的多民族国家得到进一步巩固和发展。

功绩：总体上保持了中国的统一，收复了台湾，平定了地方叛乱。康乾盛世将中国封建社会再一次推向一个高潮，中国国力增强。康熙开始实行的民族融合政策，将中国境内不同的民族团结起来、融合起来，没有出现民族分裂的问题。中国的农业经济继续发展，中国的人口也达到了历史上的最高峰。康熙两次打败沙俄，大大提高了中国的国际威望。乾隆时编纂的《四库全书》是对中国文化的一个巨大贡献。

失误：闭关锁国，导致中国与外界隔绝，外界的新兴事物看不到也学不到；抑制商业经济的发展，设置种种关卡；抑制刚刚出现的资本主义萌芽的发展，使中国失去了进入资本主义的机会；加强封建皇权专制，政治上越来越黑暗；清朝后期丧权辱国，对外完全缺乏斗志，导致中国沦为半殖民地社会，中国人民生活在水深火热之中；文字狱残害了很多无辜的汉族文人，也阻碍了文化的进步与发展；对中国内部出现的反帝力量加以打击，阻碍了民族解放的进程；外交上清朝后期唯帝国主义马首是瞻，国际地位一落千丈。

总之，清朝有功有过，前期主要是功，后期就只剩过了，这也不能完全归罪于清朝，这可能是历史发展的悲剧。

4. "对外开放"与"闭关锁国"比较表。

对外开放	汉朝	丝绸之路	成为东西方经济文化交流的桥梁
		造纸术的外传	造纸术传播到世界各地，深刻地影响了世界文明的进程
	唐朝	遣唐使	对日本的生活与社会发展产生了深远影响
		鉴真东渡	对中日经济文化交流作出了杰出贡献
		玄奘西游	将天竺的佛教、历史、地理、风土人情等记录下来并介绍到中国，促进了中外经济文化交流
	宋朝	指南针传入欧洲	为环球航行和地理大发现提供了重要条件
	明朝	郑和下西洋	加强了中国与亚非各国的经济文化交流和友好往来，促进了南洋地区社会经济的发展
闭关锁国	清朝	严格限制对外交往	对西方殖民者的侵略活动，起过一定的自卫作用。但清政府与世隔绝，既看不到世界的变化，也不能适时地向西方学习先进的科学知识和生产技术，使中国在世界上逐渐落伍了

阅读思考

一、材料研读

清代史学家赵翼在《檐曝杂记》卷一《军机处》中说："（军机大臣）只供传述缮撰，而不能稍有赞画于其间也。"

这句话的意思是说，军机大臣只是传达抄写皇帝的旨意，而不能把自己的意见夹杂进去。想一想：军机处的作用是什么？它的设立为什么强化了君主专制？

作用是辅助皇帝处理政务。军政大事完全由皇帝裁决，军机大臣只是跪在地上记录，然后照皇帝的旨意拟写成文，经皇帝审阅同意后传达给中央各部和地方机构去执行。军机处的设立使议政王大臣会议、内阁成为虚设机构。这样，全国的军政大权完全集中于皇帝一人之手，君主专制极端强化。

二、问题思考

1. 想一想：吏治的腐败会对社会造成什么影响？

从历史上看，吏治的腐败，一方面导致行政效率降低、国家财政紧张、社会矛盾尖锐、社会危机加剧；另一方面会造成社会风气的败坏。

2. 想一想：闭关锁国的政策是否能够抵御外国的侵略？这一政策对中国的发展有什么重要的影响？

作为一种消极被动的防御政策，闭关锁国是无法阻挡西方坚船利炮的殖民侵略的。闭关锁国政策虽然保护了自然经济免遭外来冲击，对西方殖民者的入侵也曾起到过一定的自卫作用。但它限制了航海事业的发展，导致中国丧失了对外贸易的主动权；它限制了中外文化的交流，妨碍了中国了解和学习世界先进的思想文化和科技知识，中国在世界上逐渐落伍，在近代陷入了被动挨打的局面。

三、课后活动

1. 雍正、乾隆年间，一些官员和文人因写诗而蒙受牢狱之灾。下面摘录一些被清朝统治者认为是"大逆不道"的诗句：

"清风不识字，何故乱翻书。"

"半轮明月西沉夜，应照长安尔我家。"

"明月有情还顾我，清风无意不留人。"

"大明天子重相见，且把壶儿搁半边。"

"蒹葭欲白露华清，梦里哀鸿听转明。"

想一想：为什么写了这样的诗句就要被下大狱呢？文字狱对思想和文化造成了什么样的后果？

这些诗句大都有"明"或"清"等字眼。清朝统治者疑神疑鬼，捕风捉影，硬是认为"明"暗指"明朝"，"清"影射"清朝"，认为这些诗句说明了诗人怀念明朝、不满清朝，要"反清复明"，便把他们下大狱。

文字狱禁锢了人们的思想，严重阻碍了思想、学术的发展和社会的进步。

2. 清朝时，社会上流传有"三年清知府，十万雪花银"的民谣。说一说：这一民谣是什么意思？它反映出了什么样的社会状况？

"三年清知府，十万雪花银"的说法最早出现在宋朝，并在明朝的话本中多有出现。句中的"清"，非为"清朝"之"清"，而为"清廉"之"清"。此谚又作"一任清知府，十万雪花银"，原意是：即使是不贪赃枉法的清廉知府，一任三年下来，仅靠各项陋规收入也有十万两银子的进项。后来含义扩大为：即使是为政清廉的官员，也要捞上成千上万两银子，至于贪官就更不用说了。这反映了清朝官场昏暗，官吏贪污现象严重。

第 21 课　清朝前期的文学艺术

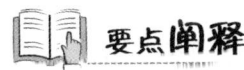 要点阐释

一、《红楼梦》

1. 地位：清代小说中艺术成就最高、影响最深远的是曹雪芹的《红楼梦》。

2. 别名：这部长篇小说初名《石头记》。

3. 作者：前80回，作者曹雪芹，后来经高鹗整理续写了后40回。

4. 问世：在乾隆晚期时排印面世。

5. 内容：以贵族青年贾宝玉与林黛玉的爱情悲剧故事为主线，通过贾、史、王、薛四大家族的兴衰变化，深刻地反映了封建社会末期的社会现实和尖锐矛盾，揭露了统治阶级的奢靡与丑陋，揭示了封建社会走向衰亡的历史命运。

6. 写作特点。

（1）作者不仅重点塑造了贾宝玉、林黛玉等反抗传统礼教、追求个性解放的典型人物形象，还热情地歌颂了被奴役、被践踏的奴婢进行抗争的精神，愤怒地批判了以专制家长为代表的顽固势力，具有深刻的社会意义。

曹雪芹像

（2）《红楼梦》全书背景广阔，情节复杂，头绪纷繁，人物众多，书中有姓名的就有700多人，但作者以严谨的结构、清晰的层次、精练而生动的语言，把故事的进展和人物的形象栩栩如生地展现出来，在艺术上达到了极高的水平。

7. 评价：这部思想性强、艺术性高的小说问世以后，虽被统治者列为禁书，但在民间却流传开来，始终无法禁绝。至今，《红楼梦》已被译成多种文字，成为世界文化宝库中不可多得的文学名著。

二、昆曲与京剧艺术

1. 发展概况：中国古代的戏曲艺术发展到清代，进入了一个更为繁荣的时期。清代的戏剧创作，紧密联系社会现实，反映人民的心声，受到大众的喜爱。当时，观看戏剧已成为城乡民众的一种主要的文化活动。

清朝时期的戏剧，剧种不断增多，剧目繁多，内容丰富多彩，表演艺术推陈出新，流派风格争奇斗艳，雅俗共赏。其中，最有影响的是昆曲和京剧。

2. 昆曲。

（1）发展概况。

起源	昆曲，又称昆腔，原是流行于苏州昆山一带的昆山腔
进一步发展	明朝时，经过改良，昆曲有了很大的发展，表演艺术日趋成熟，成为一个全国性的剧种，代表作有汤显祖创作的《牡丹亭》
顶峰	到了清朝前期，昆曲艺术发展到顶峰，洪昇的《长生殿》、孔尚任的《桃花扇》这两部顶峰政治历史剧，内容感人，情节跌宕，词曲雅致，成为昆曲的传世之作
衰落	清朝中期以后，昆曲逐步陷入因循守旧的境地，上演的剧目也多是逃避现实或歌功颂德的庸俗作品，为宫廷和贵族所观赏，成为统治阶级和社会上层的玩物 由于脱离广大民众和现实生活，昆曲逐渐走向衰落

（2）特点：既集中体现了南曲清柔婉转的特点，又保留了部分北曲慷慨激昂的声腔，并将诗词歌赋等文学形式糅合在一起，且与柔美的舞姿相结合，给人以充分的艺术享受。

3. 京剧。

（1）背景：乾隆时，北京成为戏班荟萃之地，各种地方戏曲都在这里上演，形成群芳争艳的局面。

（2）发展概况。

四大徽班进京	1790 年，乾隆皇帝 80 岁寿辰时，由徽商出面组织的来自南方的四大徽班先后到北京献艺，徽班的唱词通俗易懂，唱词高亢爽朗，赢得观众喜爱，一时誉满京城
皮黄戏形成	徽调不断吸收昆曲、秦腔、京调、汉调等地方戏的优点，加以创造和改进，在道光年间逐渐形成为一个新的剧种"皮黄戏"
京剧形成	皮黄戏博采其他剧种的优点，又带有北京的地方特色，以后就被称为"京戏"或"京剧"

（3）影响：京剧深受广大群众的喜爱，又得到皇室的扶持，经过表演艺术家的不断创新，日臻完善，成为最主要的剧种，流传四方。

（4）把京剧定为我国国粹的原因：京剧博采众长，在徽剧、汉调的基础上吸收了昆曲和各地方戏的优点，京剧是我国戏曲艺术的集大成者。在表演艺术上最大限度地超脱了舞台空间和时间的限制，表演虚实结合，以达到"以形传神，形神兼备"的艺术境界，是高度完美的程式化表演艺术，代表了中国戏曲艺术的最高成就。

知识拓展

明清小说繁荣的原因。

文学是历史的反映，明清小说繁荣，有其社会历史和文学发展的原因。

就社会历史角度来分析其原因，体现在以下几个方面。

其一，明中叶以后，逐渐产生了资本主义的萌芽，新的经济因素必然要在包括文学艺术在内的社会意识形态中得到反映，所以最能够反映市民阶层思想感情和复杂的社会生活的通俗文艺形式小说和戏曲，便打破正统诗文的一统天下而得到长足的发展。

其二，科学技术的发展和人民生活的需要，明清两代，随着工商业市镇繁荣和书坊、刊刻印刷业的迅速发展，适合广大平民欣赏的趣味性小说具有广阔的市场需要而广泛流传。当时无论是士人还是商贾农工，都喜欢读小说，听说书。而清代时更有人将小说视为与儒、佛、道三教并列而影响更广的又一教。

其三，明清两代统治阶级对知识分子采用笼络和高压两手政策，在这种情况下，许多文人心有余悸，不敢在诗文创作中触及现实政治。唐宋以来的正统诗文创作在明清时期发展受阻，文人墨客将创作的潜力发挥在小说创作上，客观上加强了小说创作的力量与空间。

就其文学发展角度来分析，有以下原因。

其一，中国古典小说经过由唐至元三代的酝酿、准备、发展，无论在艺术方法以及情节、人物塑造、结构和语言诸方面都积累了相当丰富的艺术经验，为明清时期小说的繁荣打下了坚实的基础。同时，小说、戏曲以其自身的创作成就，显示了它们不容忽视的社会作用和文学价值。明中后期就有一些文学家如李贽、袁宏道等人，打破传统的文学偏见，起来为一向被人轻视的小说、戏曲争取文学地位，作出极为崇高的评价，这就在理论上为小说戏曲的发展开拓了道路。

其二，明嘉靖、万历以后，以王艮、李贽为代表的进步思想家，批判程朱理学，反对"存天理，灭人欲"的反动说教。李贽又提倡"童心说"，认为表现童心的作品才是好作品。这些进步思想对小说、戏曲的创作都产生了积极的影响，例如在《牡丹亭》和一些拟话本小说中就有鲜明的反映。明末清初顾炎武、黄宗羲、王夫之等人的进步思想，对《聊斋志异》、《儒林外史》和《红楼梦》的创作也有不可忽视的影响。

阅读思考

课后活动

《红楼梦》问世后，据载：

好事者每传抄一部，置庙市中，昂其值，得金数十，可谓不胫而走者矣。

——程伟元《红楼梦序》

想一想：人们为什么热衷于《红楼梦》？这部长篇小说的社会历史意义是什么？

《红楼梦》背景广阔，结构严谨，层次清晰，以贵族家族贾府的兴衰变迁以及男女主人公贾宝玉、林黛玉的爱情故事为主线，充分展示了清朝社会生活的多个侧面，写作手法精巧纯熟，人物刻画栩栩如生，艺术水平极高，所以能受到追捧。

《红楼梦》思想性强，深刻反映了封建社会末期的社会现实和尖锐矛盾，揭露了统治阶级的奢靡与丑陋，揭示了封建社会走向衰亡的历史命运，歌颂了反抗封建礼教、追求个性自由的下层人民的抗争精神，批判了以专制家长为代表的顽固势力，具有深刻的社会历史意义。

中国古代大事年表

时间	事件
距今约 170 万年	元谋人
距今约 70 万—20 万年	北京人
距今约 3 万年	山顶洞人
距今约 7000 年	河姆渡文化
距今约 6000 年	半坡文化
距今约 5000—4000 年	传说中的炎帝、黄帝、尧、舜、禹时期
约公元前 2070 年	夏朝建立
约公元前 1600 年	商汤灭夏，商朝建立
公元前 1046 年	周武王灭商，西周开始
公元前 841 年	国人暴动
公元前 771 年	西周灭亡
公元前 770 年	周平王迁都洛邑，东周开始
公元前 356 年	商鞅开始变法
公元前 221 年	秦灭六国，统一中国
公元前 209 年	陈胜、吴广起义爆发
公元前 207 年	秦朝灭亡
公元前 202 年	西汉建立
公元前 138 年	张骞第一次出使西域
公元 5 年	王莽夺取西汉政权
公元 25 年	东汉建立
东汉明帝时	班超出使西域
184 年	黄巾起义爆发
200 年	官渡之战
208 年	赤壁之战
220 年	魏国建立，东汉灭亡
221 年	蜀汉建立
229 年	吴国建立
230 年	吴派卫温等率军队到夷洲
266 年	西晋建立
280 年	西晋灭吴，统一全国
316 年	西晋灭亡
439 年	北魏统一北方
494 年	北魏孝文帝迁都洛阳
581 年	隋朝建立

589 年	隋朝统一
618 年	隋朝灭亡，唐朝建立
627—645 年	玄奘西行
641 年	文成公主嫁到吐蕃
754 年	鉴真东渡到达日本
755—763 年	安史之乱
907 年	唐朝灭亡，五代十国时期开始
10 世纪初	耶律阿保机建立契丹国
960 年	北宋建立
11 世纪中期	毕昇发明活字印刷术
1115 年	完颜阿骨打建立金朝
1125 年	金灭辽
1127 年	金灭北宋，南宋建立
1206 年	成吉思汗建立蒙古政权
1271 年	忽必烈定国号为元
1279 年	元灭南宋
1368 年	元朝灭亡，明朝建立
1405—1433 年	郑和七次下西洋
1406—1420 年	营建北京城
16 世纪中期	戚继光抗倭
1616 年	努尔哈赤建立后金
1636 年	皇太极改国号为清
1644 年	李自成领导的农民军攻占北京，明朝灭亡 清军入关
1662 年	郑成功收复台湾
1684 年	清朝设置台湾府
1727 年	清朝在西藏设置驻藏大臣